Ensaios Construtivistas

PSICOLOGIA E EDUCAÇÃO

Coleção dirigida por Lino de Macedo

Ensaios Construtivistas

Lino de Macedo

Casa do Psicólogo®

© 1994 Casapsi Livraria, Editora e Gráfica Ltda.
É proibida a reprodução total ou parcial desta publicação, para qualquer finalidade, sem autorização por escrito dos editores.

6ª Edição Revisada
2010

Editores
Ingo Bernd Güntert e Jerome Vonk

Assistente Editorial
Aparecida Ferraz da Silva

Capa
Sergio Poato

Produção Gráfica
Fabio Alves Melo

Editoração Eletrônica
Renata Vieira Nunes

Revisão
Jerome Vonk

Revisão Gráfica
Lucas Torrisi Gomediano

Dados Internacionais de Catalogação na Publicação (CIP)
(Câmara Brasileira do Livro, SP, Brasil)

Macedo, Lino de

Ensaios contrutivistas / Lino de Macedo. — 6. ed. — São Paulo : Casa do Psicólogo®, 2010. — (Coleção psicologia e educação / dirigida pelo autor)

Bibliografia.
ISBN 978-85-85141-41-7

1. Construtivismo (Educação) 2. Piaget, Jean, 1896-1980 3. Psicologia educacional I. Título. II. Série.

10-00434   CDD-370.15

Índices para catálogo sistemático:
1. Construtivismo : Teoria piagetiana : Psicopedagogia 370.15

Impresso no Brasil
Printed in Brazil

Reservado todos os direitos de publicação em língua portuguesa à

Casapsi Livraria, Editora e Gráfica Ltda.
Rua Santo Antônio, 1010
Jardim México • CEP 13253-400
Itatiba/SP – Brasil
Tel. Fax: (11) 4524.6997
www.casadopsicologo.com.br

*Para Elza e
nossos filhos:
Valéria, Gabriela e Pedro*

Sumário

Apresentação e agradecimento XIII

1   **Piaget e sua genialidade** 1

       Referências bibliográficas 5

2   **Qual Hefesto ou Afrodite** 7

       Referências bibliográficas 11

3   **O construtivismo e sua função educacional** 13

       Para um contraste entre construtivismo e não construtivismo 14

          1. O construtivismo valoriza as ações, enquanto operações do sujeito cognoscente (que conhece) 14

          2. O construtivismo produz conhecimento apenas formalizante 15

3. No construtivismo o conhecimento é concebido como *um tornar-se* antes de um *ser* 17
4. Ao construtivismo o conhecimento só tem sentido enquanto uma teoria da ação (em sua perspectiva lógico-matemática) e não enquanto uma teoria da representação 18
5. O construtivismo é produto de uma ação espontânea ou apenas desencadeada, mas nunca induzida 19

Para uma completitude entre construtivismo e não construtivismo 19

Para uma escola mais construtivista 22

Referências bibliográficas 25

4 Construtivismo e prática pedagógica 27

Estrutura ↔ Gênese, Objeto ↔ Sujeito 27

Cópia ↔ Exercício, Compreensão ↔ Explicação 32

Considerações finais 36

Referências bibliográficas 37

5 Construtivismo e fracasso escolar 39

Referências bibliográficas 44

6 Para uma aplicação pedagógica da obra de Piaget 47

O desenvolvimento da criança nas perspectivas de Piaget e da educação 48

A ênfase teórica da obra de Piaget comparada à ênfase prática da escola 50

A aplicação pedagógica da obra de Piaget 51

Considerações finais 54

Referências bibliográficas 55

7 Para a formação de professores em uma perspectiva construtivista 57

Estrutura e gênese 58

Objeto e sujeito 59

Sobre a formação docente 61

Considerações finais 63

Referências bibliográficas 64

8 Para uma visão construtivista do erro no contexto escolar 65

A questão do erro em uma perspectiva formal ou de adulto 66

A questão do erro em uma perspectiva da criança 71

O erro enquanto observável 73

O erro no plano do "fazer" ou "compreender" 75

Considerações finais 78

Referências bibliográficas 80

9 Para um discurso das regras na escola ou na psicopedagogia 83

Para uma comparação entre leis e regras 83

1. A lei ordena o desejo, a regra ordena a relação 84
2. As leis têm um valor negativo, ainda que sua formulação possa ser positiva; as regras, mesmo que tenham uma formulação negativa, sempre têm um valor positivo ... 84
3. A transgressão nas leis e a obediência nas regras 85
4. As leis enquanto instituídas; as regras enquanto construídas 86
5. O estatuto contingente das leis por oposição ao estatuto necessário das regras 86
6. As leis como lógica das classes, e as regras como lógica das relações 87

O estatuto das regras na teoria de Piaget 89

Para um discurso das regras na escola 90

Para um discurso das regras na psicopedagogia 94

Referências bibliográficas 96

10 Para uma avaliação construtivista 97

As quatro formas básicas de avaliação: O quê? Como? Por quê? Para quê? 98

Sobre o estatuto irredutível da perspectiva estrutural ou funcional da avaliação 102

Considerações finais 103

Referências bibliográficas 104

11 Método clínico de Piaget e avaliação escolar 105

I. A Perspectiva da Criança 105
  "Não importismo" 106
  Fabulação 107
  Crença sugerida 107
  Crença desencadeada 108
  Crença espontânea 109

II. A Perspectiva do Professor ou Psicopedagogo 111
  Observação 113
  Reconstituição (Atual ou Retroativa) 113
  Antecipação 113
  Comparação/Verificação/Contraposição 114
  Explicação/Justificativa 114

Referências bibliográficas 115

12 Desafios construtivistas ao professor 117

1. O desafio: público X privado ou público X palco .. 117

2. O desafio de aprender algo como conteúdo e de ensiná-lo como forma 120

Referências bibliográficas 123

13 Aprendizagem da criança pré-escolar: a perspectiva de Piaget 125

Aplicações à pedagogia 129

Referências bibliográficas 131

14 Piaget e algumas questões de psicologia educacional 133

Desenvolvimento e aprendizagem 133

Pensamento e linguagem 138

Processos de socialização 143

Referências bibliográficas 145

15 Os processos de equilibração majorante ... 147

Referências bibliográficas 153

16 As estruturas da inteligência, segundo Piaget: ritmos, regulações e operações ... 155

Referências bibliográficas 162

17 Inconsciente e recalcamento cognitivo 165

Referência bibliográficas 171

Apresentação e agradecimentos

Meu trabalho no Instituto de Psicologia, da Universidade de São Paulo, pode ser reunido, atualmente, em três tarefas principais: professor e orientador de pesquisas nos Cursos de Graduação e Pós-graduação, coordenador do Laboratório de Psicopedagogia e participante de congressos, mesas-redondas, cursos, seminários etc., na condição de especialista na teoria de Piaget aplicada à Psicologia e à Educação. Os dezessete textos reunidos no presente livro incluem-se como parte de meu trabalho nessa condição de conferencista. Doze textos foram produzidos nos últimos cinco anos; os restantes são mais antigos, mas foram incluídos por sua pertinência ao tema, sintetizado no título do livro. A maioria dos textos foi publicada, indicando-se, nos capítulos correspondentes, a fonte de sua edição original. Sou grato às pessoas e às instituições pela permissão de reunir esses textos, divulgando-os novamente, agora como um livro. Maria Senatore ajudou-me nessa tarefa com dedicação, paciência e responsabilidade: leu e releu os textos, sugeriu mudanças, cuidou para que ficassem o melhor possível, respeitando características de meu estilo e a diversidade dos contextos em que os produzi. A tarefa de um revisor é, às vezes, como a de um terapeuta: ao interpretar um texto, desfaz "sonhos" de seu autor, coloca-o diante de uma realidade ou de uma verdade. Sou imensamente grato a ela por tudo isso. Suponho que o título desta coletânea descreve bem a natureza dos textos, nela reunidos. Emprego a palavra *Ensaios* com sentidos próximos aos propostos por Aurélio Buarque de Holanda Ferreira, em seu *Novo Dicionário da Língua Portuguesa* (1986, p. 659): de um lado, "prova" ou "experiência"; de outro, "estudos sobre determinado assunto, porém menos aprofundado e/ou menor que um tratado formal e acabado". Para um professor universitário, leitor de obra (a de Piaget) extensa, complexa e de natureza epistemológica, é sempre um desafio falar sobre aspectos dela a profissionais orientados para um trabalho aplicado. Neste livro apresento ensaios sobre isso. O leitor observará o "triângulo" no qual sempre estive encerrado: um público (meus alunos ou plateia); uma tarefa difícil (explicar-lhes o Piaget que eu estava estudando ou "curtindo" no momento) e um professor (eu mesmo) dividido entre duas "lealdades" (para com o texto de Piaget, tal como o entendia, e para com os interesses de meus ouvintes). Esse é o motivo de o leitor não encontrar referências às tantas publicações de colegas, brasileiros ou não, que escrevem sobre Piaget, Educação e Psicologia. Ainda que tendo conhecimento de muitos desses trabalhos e sabendo de sua importância aos temas tratados, preferi omiti-los. Essa decisão caracteriza mais um sentido para os Ensaios deste texto: restringir-me a obras fundamentais de Piaget e ousar expor minha forma de compreendê-las e defender, mesmo que genericamente, sua importância como fundamentação ou possibilidade de aplicação à prática pedagógica ou educacional.

O segundo termo, que encerra o título deste livro, é *Construtivistas*. Ele também merece comentários. A palavra "construtivismo" não é "clássica" na obra de Piaget. Creio que ele passou a empregá-la na última fase de sua produção escrita (ou seja, nos últimos vinte anos, dos sessenta em que escreveu sistematicamente sobre Epistemologia). É um termo, portanto, do "velho" Piaget e reflete mais uma grande "virada" deste genial pensador e cientista. Muitos "piagetianos" não aceitam, nem reconhecem o "estádio construtivista" de Piaget, no qual ele se tornou "aberto para todos os possíveis".

A epistemologia conhecida e reconhecida de Piaget, a que é clássica e aceita por todos (e criticada por muitos), é a Epistemologia Genética. Concebida e estabelecida em obra extensa e complexa (escreveu, sozinho ou com seus colaboradores, setenta livros), a

Epistemologia Genética teve, no mínimo uma função radical: propor (teórica e experimentalmente) uma forma de conhecimento comprometida, reciprocamente, com o "espaço" e o "tempo" de sua produção ou validação. Espaço no sentido de que o conhecimento era defendido como resultante da interação (indissociável, irredutível e complementar) entre sujeito e objeto. Com isso, ele combatia outras epistemologias, mormente o Positivismo Lógico, que valorizavam o momento formal em que as ações, que produziram o conhecimento, eram reduzidas aos conceitos que as expressavam. Ou seja, que valorizavam o conhecimento de um objeto, indiferente (por serem excluídas ou neutralizadas) às interpretações do sujeito que os observava ou percebia. Tempo no sentido de que o conhecimento científico era pesquisado na perspectiva de sua psicogênese, ou seja, ao longo do caminho que pode ser traçado entre sua visão infantil, não formalizada, e sua visão adulta, acadêmica ou formalizada.

Mas Piaget, pouco a pouco, foi encontrando companheiros que, por outros caminhos, compartilhavam ideias ou princípios comparáveis aos seus. Eram físicos, matemáticos, biólogos, sociólogos antropólogos, químicos, literatos etc., que viam o conhecimento como produto de um sistema complexo, sem lugar para "exclusão ou controle de variáveis" ou outras formas de simplificação experimental, apesar da importância ou força de suas generalizações. A interdependência entre variáveis, o espaço e o tempo, o caos e a ordem, o conhecido e o desconhecido no sistema eram, agora, tratados como partes integrantes do mesmo todo. O conhecimento era visto como construção aberta e complexa, com muitos aspectos em jogo. Assim, a exclusão experimental de variáveis cedeu lugar à multideterminação; a generalização à especificidade, recorte ou singularidade temática. A formalização cedeu lugar à valorização dos conteúdos ou dos contextos de sua produção histórica. O "sujeito" pôde ser pensado como um "objeto" e este como um "sujeito". A Epistemologia Genética tornou-se assim um caso particular, ainda que exemplar, da Epistemologia Construtivista.

A formulação de uma Epistemologia Construtivista, por oposição às Epistemologias "Não Construtivistas" (Reducionistas ou Antirreducionistas) foi feita por Piaget no último capítulo da obra *Logique et Connaissance Scientifique*, publicada pela Gallimard (Paris) em 1967. Essa obra, dirigida por Piaget, é uma produção coletiva (abrangendo muitos autores e muitas áreas do conhecimento científico). De forma pouca aprofundada, ensaística, portanto, essa obra (e especialmente seu último capítulo) foi base para muitos textos incluídos no presente livro.

Ensaios Construtivistas correspondem, assim, ao esforço de um professor em transmitir a um público ideias de seu autor. O público busca explicações ou algo que o instrumentalize para enfrentar problemas de sua prática. O professor aceita a tarefa, apesar de sua "impossibilidade". O autor funciona como o que "abre e fecha", isto é, como o que limita, e que, por isso, cria uma possibilidade. As circunstâncias vão configurando uma troca, uma interação. Ou seja, como na vida, tudo são ensaios de construção.

Como escrevi em carta para um aluno: "o segredo do possível, se ele valer a pena, é torná-lo necessário, para nós e para os outros. O segredo do impossível, se ele valer a pena, é torná-lo – ainda que indiretamente – possível, para nós e para os outros. No mais, navegamos, bem ou mal, nas águas das circunstâncias que nos afastam ou nos aproximam das pessoas ou coisas, que amamos ou queremos bem". Publicar um livro sempre foi, para mim, uma tarefa impossível. Graças à ajuda de muitas pessoas fui pouco a pouco revendo essa decisão. Então, ela se tornou possível e, depois, necessária. Circunstâncias favoráveis me permitem vê-la, agora, realizada. Agradeço a todos por essa construção

Lino de Macedo

Piaget e sua genialidade[1]

1

Consultando quatro dicionários, sendo dois de psicologia (Piéron, 1966 e Warren, 1966) e dois lexicais (Robert, 1985 e Ferreira, 1986), retirei, das diversas acepções apresentadas para o termo "gênio", algumas delas – comuns a todos eles – que analisarei, aqui, na perspectiva do "caso Piaget".

Gênio refere-se a uma:

1. "faculdade superior de invenção ou criação de qualquer classe, ou de execução em alguma forma especial, como música, pintura ou matemáticas" (Warren, 1966, p. 152);

2. "vocabulário da linguagem comum, empregado para qualificar uma pessoa que, em determinado ramo de atividade intelectual, apresente capacidade criadora, inventiva, de caráter excepcionalmente elevado, destacando-a da margem de variabilidade normal" (Piéron, 1966, p. 197);

3. "altíssimo grau, ou o mais alto, da capacidade mental criadora, em qualquer sentido" (Ferreira, 1986, p. 845);

---

1. Publicado in: Reunião Anual de Psicologia, 21, Ribeirão Preto, 1991. *Anais*, Ribeirão Preto, Sociedade Brasileira de Psicologia, 1992, pp. 82-85.

4. "atitude superior do espírito que torna alguém capaz de criações, de invenções que parecem extraordinárias" (Robert, 1985, p. 488).

Minha crença é que Piaget, por sua obra e pelo modo como a produziu, merece pertencer a esse segmento especial de pessoas (os gênios) – amadas ou odiadas – a quem devemos muito do que pensamos, estudamos e ousamos transmitir a nossos alunos; pessoas que modelam modos de organizar, compreender e justificar nossas vidas nem tanto geniais.

Atribuir a Piaget a qualificação de gênio é interessante porque, de imediato, coloca um problema crucial à sua teoria: em condições iguais, segundo ele, todos nós teríamos acesso a uma estrutura superior – a de um pensar hipotético dedutivo (Inhelder e Piaget, 1955). Em outras palavras, Piaget concentrou-se no problema de explicar o "ótimo" a que qualquer um, em condições iguais, poderia chegar ao jogo da vida. Ou, para dizer de outro modo, interessou-se pela história da produção das categorias da razão ou dos esquemas de ação que têm valor adaptativo para todos. Ora, o gênio – e Piaget o era – faz mais do que isso!

A genialidade de Piaget será aqui analisada em função dos seguintes aspectos de sua vida, pensamento e obra: 1. o caráter precoce e apaixonado de sua busca pelo conhecimento; 2. seu reconhecimento e admiração pelos que possuíam o conhecimento (seus mestres, os grandes autores, as crianças e a natureza); 3. sua liderança intelectual e capacidade para reunir pessoas e condições para sua obra; 4. a capacidade de manter a construção de suas teorias atualizadas com os temas, polêmicas ou soluções científicas de seu tempo, bem como a de ter podido (genialmente) em alguns casos ser um "visionário"; 5. a simplicidade e a fecundidade de suas investigações; 6. o constante diálogo – aberto e franco – com os teóricos ou posições mais importantes, que se opunham (em uma perspectiva epistemológica) ao seu estruturalismo construtivista; 7. sua "erudição", o estatuto interdisciplinar de suas teorias e dos modos de sua produção; 8. a coerência interna, abrangência e potência do grande sistema teórico criado por ele; e, finalmente, 9. suas posições sobre a criação e os métodos que ele dizia usar para realizá-la.

1. *Precocidade e paixão pelo conhecimento.* Para a caracterização deste tópico, creio ser suficiente recorrer à autobiografia de Piaget (1976) e lembrar que entre os sete e dez anos ele se interessou por mecânica, pássaros, fósseis e crustáceos marinhos, além de ter proposto, por escrito, o "autovap", um automóvel dotado de um motor a vapor. E que, aos dez ou onze anos, observando um pardal parcialmente albino em um parque, publicou um artigo de uma página em um periódico de história natural de Neuchâtel.

2. *Reconhecimento e admiração pelos mestres, crianças e natureza.* Paul Godet, diretor do Museu de História Natural, que introduziu Piaget (ainda com quatorze anos) no estudo sistemático da Malacologia; Claparède, que o convidou para o Instituto Jean Jacques Rousseau, em Genebra, e todos os outros (vivos ou mortos) que ele menciona (cf. Piaget, 1976) como importantes em sua carreira, são testemunho desse reconhecimento. Crianças e natureza entram aqui como aqueles que possuem o saber, o que implica termos que recorrer a elas de modo sistemático e consistente para a construção de um conhecimento científico.

3. *Liderança intelectual.* Para lembrar essa característica de Piaget, talvez bastem as seguintes considerações: *a)* a maior parte de sua vasta obra (em torno de setenta livros) é uma construção coletiva, da qual participam, por livro, aproximadamente dez colaboradores; *b)* alguns deles acompanharam-no durante muitos anos; *c)* seu trabalho de pesquisa foi sempre financiado (Fundação Rockfeller, Fundo Nacional Suíço de Pesquisa Científica); *d)* a criação, em 1955, do Centro Internacional de Epistemologia, em Genebra, com a participação anual ou bianual de pesquisadores dedicados ao estudo de um tema comum e que, às vezes, tinham posições divergentes das de Piaget; *e)* os diversos postos acadêmicos que ocupou, tendo sido – o que é muito raro, para não franceses – professor catedrático, entre 1952 e 1963, na Universidade de Sorbonne; *f)* as funções que desempenhou na Unesco; *g)* a homenagem que lhe prestaram os Estados Unidos. ·

4. *Construção teórica.* A leitura da autobiografia de Piaget e de sua obra nos indicaria o quanto ele permaneceu fiel ao seu

projeto de adolescente (construir uma teoria da equilibração para explicar as trocas adaptativas organismo X meio). Ao mesmo tempo, tinha sempre – como comenta, por exemplo, Papert (1990) – uma preocupação de manter sua epistemologia genética atualizada com as teorias em voga (por exemplo, no campo da matemática). Pode-se ousar dizer, além disso, que suas ideias sobre regulação, por exemplo, anteciparam muito do que hoje é desenvolvido na informática.

5. *Simplicidade, fecundidade teórico-metodológica e*
6. *diálogo aberto e franco com as "teorias rivais".* É impressionante que Piaget tenha sempre utilizado situações experimentais simples (ainda que muito criativas e pertinentes) e valorizado o controle mútuo, isto é, a pesquisa comparativa em diferentes culturas e contextos. É importante ressaltar, além disso, o diálogo constante e polêmico com as grandes correntes epistemológicas, em especial o positivismo lógico.

7. *"Erudição", interdisciplinaridade e*
8. *coerência, abrangência e potência do sistema teórico de Piaget.* Ainda que Piaget seja criticado por ser um leitor um tanto "apressado", preferindo a escrita sistemática à leitura, quem ler sua obra haverá de concordar que ele conhecia os clássicos e estava atualizado com as teorias e autores mais importantes dos assuntos que escrevia. Uma mostra disso se encontra na monumental obra, *Logique et connaissance scientifique* (1967), na qual dirigiu e escreveu muitas partes. Quanto ao valor que ele atribuía à interdisciplinaridade, creio bastar o seguinte trecho:

"A experiência decisiva que vivi nesta última década, essencialmente em nosso Centro de Epistemologia Genética, convenceu-me da necessidade das investigações interdisciplinares e de sua fecundidade para a solução de problemas específica e autenticamente psicológicos" (Piaget, 1976, p. 40).

9. *A criação e como Piaget fazia para realizá-la.* Para ele, o trabalho de construção das estruturas da inteligência pelo sujeito, em suas trocas com o meio, era essencialmente criativo. E os

primeiros dezoito meses seriam o período mais criativo de nossa vida! Quanto ao seu método de criação, respondeu a Bringuier (1977) que adotava três métodos: 1. não ler nada específico sobre o tema que estava investigando, 2. fazer, tanto quanto possível, o máximo de leituras paralelas e 3. ter sempre uma "cabeça de turco", ou seja, defender uma ideia, não só apoiada em pesquisa sólida e constante, mas tendo também como interlocutor um autor ou teoria "rival", que no caso dele seria o positivismo lógico.

Referências bibliográficas

BRINGUIER, Jean-Claude. *Conversations libres avec Jean Piaget.* Paris, Robert Lafont, 1977.

FERREIRA, Aurélio B. de H. *Novo dicionário da língua portuguesa.* Rio de Janeiro, Nova Fronteira, 1986.

INHELDER, Bärbel & PIAGET, Jean. *De la logique de l'enfant a la logique de l'adolescent.* Paris, Presses Universitaires de France, 1955.

PAPERT, Seymour. Préface. In: Jean Piaget et alii. *Morphismes et catégories.* Neuchâtel, Delachaux & Niestlé, 1990.

PIÉRON, Henry. *Dicionário de psicologia.* Rio de Janeiro, Globo, 1966.

PIAGET, Jean, dir. *Logique et connaissance scientifique.* Paris, Gallimard, 1967.

_____. *Autobiografia/El nacimento de la inteligência/Psicologia y filosofia.* Buenos Aires, Caldén, 1976.

ROBERT, Paul, ed. *Dictionnaire du français primordial.* Paris, Le Robert, 1985.

WARREN, H. C., ed. *Diccionario de psicologia.* México, Fondo de Cultura Económica, 1966.

Qual Hefesto ou Afrodite[1]

2

O objetivo deste capítulo é, por intermédio das modalidades do possível e do necessário, segundo Piaget, traçar um paralelo entre o mito de Hefesto e Afrodite e a construção das formas e dos conteúdos pela criança.

Conta-se (cf., por exemplo, Bolen, 1984/1992[2]) que Afrodite, deusa da beleza e do amor, era casada com Hefesto. Mas ela não amava os homens; por isso usava-os, substituindo-os entre si, segundo sua escolha, apenas para exercitar a beleza e o amor. Hefesto, por ser o marido, era certamente quem mais sofria. Sofrimento maior ainda, visto ser coxo e desajeitado. Desejoso de provar aos deuses sua triste sina, construiu uma rede para aprisionar Afrodite com seu eventual amante. Conta-se, também, que os deuses riram de sua vã ilusão e que Afrodite, fugidia e efêmera, continuou sua vida de espalhar a beleza e o amor sobre todas as coisas e, de zelosa, garantir que ninguém mais o fizesse melhor que ela.

Hefesto, em sua tentativa de aprisionar Afrodite, não se saiu tão mal. Mesmo desajeitado, conseguiu ser o artesão mais ilustre, o preferido dos Deuses. Tornou-se artista, porque ao tentar aprisionar

---
1. Escrito para Monique Deheinzelin, no contexto do projeto educacional, que ela coordenou para a Secretaria de Educação do Governo do Estado da Bahia, em 1992.
2. Adotarei neste livro o critério de indicar, sempre que necessário, duas datas: a primeira se referirá à edição original do texto e a segunda, à publicação consultada.

Afrodite, pôde interiorizar sua "forma", ou melhor, os critérios (ou exigências) dela. E, a partir de então, seu desafio era: em cada peça de artesanato superar cada vez mais suas deficiências e, ainda que em vão, dar à peça algo que lhe recordasse sua deusa, ou a imagem dela que, então, Hefesto tinha dentro de si e que, em homenagem a ela, tentava tornar visível, nos seus trabalhos, para todos os homens.

O trabalho de Hefesto é comparável àquele que Piaget (cf., por exemplo, 1936/1970) nos conta a respeito da importância da construção de esquemas de ação para a criança. Se for tomada em sua própria perspectiva, a criança nasce "coxa" e "desajeitada" para os imensos desafios que enfrenta nas inevitáveis trocas que estabelece com o mundo e com as pessoas. Mormente com sua mãe, essa "Afrodite" com a qual, ao menos em nossa sociedade, a maioria das crianças já nasce "casada". O termo "coxo" lembra-nos todas as insuficiências das habilidades motoras, sensoriais e principalmente simbólicas da criança, no contexto dessas trocas. O termo "desajeitado" lembra-nos a insuficiência de suas coordenações.

Qual Hefesto, a criança terá que construir esquemas de ação. Piaget (1981/1985 e 1983/1986) descreveu-nos duas modalidades que ela utiliza nessa construção. Uma delas são os "possíveis", por intermédio dos quais a criança "compreende" o objeto, ou melhor, sua forma, ainda que circunstancial. A outra é o "necessário", por intermédio do qual a criança "estende" suas ações, coordenando-as no espaço e no tempo, formando novos esquemas.

Compreender algo como um objeto significa transferir para ele, ainda que por correspondência, os conteúdos de nossas ações, que lhe são aplicáveis. Se esses conteúdos são insuficientes, quantitativa ou qualitativamente, como acontece com a criança pequena, a condição dessa compreensão é diferenciar os esquemas, é criar novas possibilidades, ou permanecer na primeira fase de Hefesto, incapaz ainda de reter sua fugidia e caprichosa Afrodite. Assim, fazer de outro modo, encontrar uma solução diferente para uma tarefa difícil, recombinar coisas conhecidas, ousar ir além dos limites; enfim, aprender sofrendo os desafios dessa travessia, são condições para "aprisionar" – por nossos esquemas de ações – aquilo que corresponde ao que é próprio de um objeto, ao que lhe dá forma, ou lhe define os limites. Tarefa nada fácil, insisto, para uma criança pequena.

Estender algo como um esquema de ação significa poder abstrair das formas dos objetos um conteúdo comum a eles. Significa descobrir, criando um novo esquema, o que lhe é necessário ou invariante. Hefesto, em sua trajetória para conquistar Afrodite, pensou na rede como correspondente a duas de suas necessidades: primeiro, provar suas frequentes traições (no ponto de vista de Hefesto), e segundo, retê-la – com sua infinita beleza e com seu eterno amor – só para ele. O ponto de chegada, já o sabemos, foi que Hefesto, não logrando reter Afrodite, apreendeu dela a beleza e o amor (forma sempre buscada de relacionamento com um outro ou consigo mesmo) como conteúdos, então necessários aos seus esquemas de ações. Ele, que se tornou o artista preferido dos deuses e dos homens.

Em síntese, para construir algo como uma forma é necessário que os conteúdos da ação diferenciem-se, multipliquem-se criativamente, tornando, assim, possível sua assimilação como algo novo. Para tanto, as transformações das ações estão subordinadas às suas correspondências com o objeto, cuja forma trata-se de fixar como imagem, gesto, utensílio, texto, obra de arte etc. Para construir algo como um conteúdo, a criança, por suas ações, deve retirar das diversas formas que o expressam, aquilo que lhes é comum, que lhes dá coerência (lógica ou estética), que se conserva de uma forma para outra. Assim não fosse, como retiraríamos das coisas estruturadas como objetos as formas que as caracterizam: sua natureza colorida, bela, ordenável, quantificável etc.? As figuras que transcrevo a seguir foram utilizadas por Piaget (emprestadas de Gil Henriques) para analisar este trabalho de tornar possível a compreensão de uma forma, pela diferenciação dos conteúdos; ou de tornar necessário um conteúdo pela ampliação das formas que o caracterizam:

C1 C2 C3
Correspondências

C
Transformações

(F = formas / C = conteúdos)

(*Retirado de Piaget, 1980, p. 10*)

Quem diz construção de formas e conteúdos por meio de "possíveis" e "necessários", diz atribuição de significação a um objeto, cujas formas e conteúdos são assimilados pelos correspondentes esquemas de ação. Voltando às nossas metáforas, trata-se – como no desafio de Hefesto – de se apropriar simbolicamente daquilo que é de Afrodite (a beleza e o amor). Qualidades que, pertencentes a ela, seriam impossíveis (no sentido de diretamente inacessíveis) para Hefesto. Ele superou essa impossibilidade construindo esquemas melhores que os anteriores. Para isso, teve que criar ou formar símbolos na tripla condição exigida por Piaget (1946/1978): 1. imitar, mesmo que parcialmente, algo que era de Afrodite, 2. criar, qual um jogo, novos significados para os objetos de que dispunha para isso e 3. assim, poder representar (como linguagem plástica, no caso) algo pertencente a ela. Em outras palavras, no símbolo, na linguagem, na sua arte, Hefesto pôde juntar forma e conteúdo, além de – por intermédio de suas ações – sentir-se "visitado" por sua deusa.

É pena que muitas vezes, na escola, "Hefesto e Afrodite" só possam estar "casados" como em sua primeira fase: ele, em suas ações (ou conteúdos), desajeitado e coxo, buscando a linda e querida Afrodite, com suas errantes e fugidias formas perfeitas. Os Hefestos são nossos alunos, com tantos problemas de aprendizagem, que não encontram sentido naquilo que fazem, desanimados pela busca insensata dessa Afrodite, que apenas vislumbram, em seu inacessível horizonte. Esta representa nossas ciências e técnicas, que se pretendem verdadeiras e eficazes, mas que "falam" em uma linguagem incompreensível para nossos pequenos Hefestos. Incompreensível porque adulta, formalizada, dissociada enquanto forma X conteúdo e que, em certos momentos, apresenta-se como pura estrutura (conceitos) e, em outros, como pura variabilidade (predicados). É pena que nós professores não saibamos compartilhar com nossos alunos seu processo de construir esquemas simbólicos, graças aos quais possam conquistar, nos moldes de Hefesto, essa Afrodite, sem a qual nossa sociedade haverá de tratá-los como cidadãos de segunda ou terceira classe. Mas se ela (a sociedade) realmente pretendesse algo comparável à solução de Hefesto, seria bom que valorizasse, já na Escola de Educação Infantil, algo como o que tentei esboçar aqui. Muitas coisas me permitem vislumbrar que caminhamos nessa direção e as formas e os conteúdos, que promovem o desenvolvimento da criança, estão podendo ser trabalhados de uma maneira mais indissociável e relacional. Ou seja, enquanto algo possível e necessário para a criança, tanto em esquemas de ação, quanto em esquemas simbólicos. Qual Hefesto e Afrodite.

Referências bibliográficas

BOLEN, Jean Shinoda (1984). *As deusas e a mulher: nova psicologia das mulheres*. Trad. Maria Lydia Remédio. São Paulo, Paulinas, 1990.

PIAGET, Jean (1936). *O nascimento da inteligência na criança*. Trad. Álvaro Cabral. Rio de Janeiro, Zahar, 1970.

_____. (1946). *A formação do símbolo na criança: imitação, jogo e sonho, imagem e representação*. Trad. Álvaro Cabral e Christiano Monteiro Oiticica. Rio de Janeiro, Zahar, 1978.

PIAGET, Jean et alii. *Recherches sur les correspondances*. Paris, Presses Universitaires de France, 1980.

_____. (1981). *O possível e o necessário*, Volume 1: *Evolução dos possíveis na criança*. Trad. Bernardina Machado de Albuquerque. Porto Alegre, Artes Médicas, 1985.

_____. (1983). *O possível e o necessário*, Volume 2: *Evolução dos necessários na criança*. Trad. Bernardina Machado de Albuquerque. Porto Alegre, Artes Médicas, 1986.

O construtivismo e sua função educacional[1]

Meu objetivo neste texto é caracterizar construtivismo, dando ênfase à sua função educacional. Para isso, adotarei primeiro o procedimento de contrastá-lo com uma visão não construtivista do conhecimento. Parto do pressuposto que construtivismo e não construtivismo correspondem a duas visões opostas, ou melhor, complementares e irredutíveis. Por isso, podem-se, ainda que de forma caricata, analisar as características de um e outro, de tal forma que seja possível, muitas vezes, dizermos para nós mesmos quando estamos sendo construtivistas ou **adotando** um procedimento condizente com esta posição sobre a aquisição do conhecimento.

Como estudioso da teoria de Piaget e suas aplicações escolares ou psicopedagógicas, tenho sido frequentemente procurado por profissionais que trabalham nessas áreas para responder a questões como: o que é construtivismo? Como e por que ser construtivista? Aqui, essas perguntas serão meu mote. Mas, antes, devo advertir ao leitor que não tenho formação filosófica, e que meu construtivismo, repito, reduz-se à versão que lhe deu Piaget, tal como a pude assimilar.

---

1. Publicado *in: Educação e Realidade*. Porto Alegre, v. 18, nº 1, pp. 25-31, 1992.

Se construtivismo e não construtivismo correspondem a visões opostas de conhecimento, no mínimo duas tarefas nos são dadas: analisar sua irredutibilidade e sua complementaridade.

Para um contraste entre construtivismo e não construtivismo

1. O construtivismo valoriza as ações, enquanto operações do sujeito cognoscente (que conhece)

Visões não construtivistas do conhecimento valorizam a transmissão; por isso mesmo, a linguagem é seu instrumento mais primoroso. Não poderia ser diferente. Quando uma pessoa ou uma comunidade supõem ter produzido (não importa se pela experiência ou reflexão) um conhecimento sobre alguma coisa e julgam que é importante transmiti-lo para alguém que – por hipótese – não possui esse conhecimento, fazem-no pela via da linguagem. Esta é de fato o recurso mais poderoso, econômico e analógico que conhecemos para compartilhar um acontecimento com alguém que só pode ter acesso a ele por via indireta. A linguagem é poderosa porque nos transporta para um espaço e tempo desconhecidos para nós; porque nos faz pensar, tirar conclusões, rever pontos de vista, uma vez que, dado seu caráter irreversível, certos acontecimentos só podem ser "revividos" por meio da palavra. A linguagem é também econômica porque sintetiza, nas imagens que produz em nós, algo que na sua ocorrência foi muito longo e cheio de detalhes que podem ser omitidos. É analógica porque, por intermédio de "B", produz algo que até então só tinha existência em "A". Consideremos a última viagem Parati-Antártida-Parati, de quase dois anos, que fez nosso navegador solitário Amir Klink. Chamemos de "A" essa sua experiência. Só por intermédio de "B", isto é, por meio de fotos, narrativa, descrição etc., poderemos nos apropriar disso que antes só ele possuía.

Não se trata, pelo analisado acima, de negar o papel da linguagem, que muitas vezes é o melhor ou único meio de transmitirmos certas informações. O problema é o lugar que ela ocupa na produção de um conhecimento. Na perspectiva não construtivista, seu lugar é o mais importante. Ao construtivismo interessam as ações do sujeito que conhece. Estas, organizadas enquanto esquemas de assimilação, possibilitam classificar, estabelecer relações, na ausência das quais aquilo que, por exemplo, se fala ou escreve perde seu sentido. Ou seja, o que importa é a ação de ler ou interpretar o texto e não apenas aquilo que, por ter se tornado linguagem, pôde ser transmitido por ele.

2. O construtivismo produz conhecimento apenas formalizante

Uma visão não construtivista do conhecimento é, necessariamente, formalizada. Se nele há presença de conteúdo, este só interessa como exemplo ou descrição de algo que possa, cada vez mais, ser abstraído de seu contexto. Ou seja, a forma tende a se tornar independente do conteúdo. Exemplo disso temos nas clássicas frases das cartilhas. A maioria delas corresponde a algo sem sentido, porque provavelmente jamais as ouviríamos em um diálogo real entre duas crianças ou mesmo entre adultos. O autor da cartilha "sabia disso". Mas sentiu-se, talvez, autorizado a escrevê-la porque quis valorizar, por exemplo, a formação silábica "va, ve, vi, vo, vu", recorrendo a um conteúdo qualquer para praticá-la. A produção construtivista do conhecimento é formalizante, mas não é formalizada. Nela, forma e conteúdo, ainda que não confundidos, são indissociáveis. Daí, por exemplo, preferir-se, na aprendizagem da leitura e escrita da criança, trabalhar a partir do nome dela ou de textos que tenham sentido ou valor funcional em sua cultura.

Seria possível "reescrever" o que foi dito acima, por intermédio de outros dois termos: tematização e paradigma. A visão não construtivista de conhecimento opera por paradigmas e seus casos exemplares. Já a construtivista opera por um trabalho constante de reconstituição ou tematização (o que exige descentração e coordenação dos diferentes pontos de vista então produzidos). Como nos mostrou Piaget (1974a e 1974b), os meios ou esquemas de ação que utilizamos para produzir um resultado em função de um objetivo, quando de sua constituição, mobilizam todo um trabalho de regulação (Piaget, 1977). Nessa fase, os meios são os próprios fins. Mal esses instrumentos coordenam-se entre si, por um complexo processo de assimilação e acomodação recíprocas (Piaget, 1936), assumem sua eterna e infinita função de serem meios para outros fins. Ou seja, todo esquema de ação tem função instrumental. Tomemos apenas dois exemplos: quando a criança aprende a engatinhar, seus esforços de regulação concentram-se nessa difícil arte de coordenar braços, pernas e outras partes do corpo, de maneira que esse movimento (minimamente ajustado no espaço de suas posturas e no tempo de suas mudanças de estado) possa ocorrer. Nesta fase, vê-se que todos os esforços da criança concentram-se no aprender a engatinhar. E mal ela o consegue, volta-se para os "novos" objetos (uma mãe que teima em se afastar dela, um cachorrinho, uma bola interessante, mas distante etc.), utilizando o engatinhar como instrumento de aproximação ou afastamento. Quando se aprende a escrever – e para muitos essa tarefa demora anos – todos os esforços concentram-se em dominar os segredos da escrita. Mal aprende-se a escrever e é o bilhete ou carta que toma toda a atenção. Ora, tematizar um esquema de ação, tendo ele sido apenas meio ou instrumento para outras ações ou acontecimentos, implica inverter essa situação (ser meio para outros fins). Agora, tem-se que reconstituí-lo, transformá-lo, tomar consciência de suas características e do quão bem ou mal ele cumpre suas funções. Significa criticá-lo, transformá-lo, assumir suas consequências etc. Tematizar é por isso, reconstruir um novo conhecimento, para um velho e ignorado saber, reduzido à sua boa ou má função instrumental.

Outra coisa é o paradigma e seus casos exemplares. Na tematização, a exigência é a demonstração, reconstituição e transformação de algo já sabido. No paradigma, a exigência é o modelo ou padrão, graças ao qual reproduz-se algo dentro de certas condições, repetindo um resultado esperado ou exigido. Para isso, têm-se os casos exemplares, ou seja, situações "concretas" (ainda que não necessariamente vividas por nós), ricas de "conteúdos formatados" conforme o paradigma, pelas quais é possível entendê-lo. Não é espantoso, portanto, que na aprendizagem da leitura e escrita pela via não construtivista, a cópia de frases, palavras ou letras, sem sentido para a criança, seja um dos instrumentos mais usados. Por outro lado, enquanto trabalhos complementares, tematização e paradigma são como duas faces de uma mesma moeda. As crianças e todos nós, mal tematizando alguma coisa, já a tratamos como um paradigma ou um "bom exemplo" a ser seguido ou evitado por nós.

3. No construtivismo o conhecimento é concebido como um *tornar-se* antes de um *ser*

A visão não construtivista do conhecimento é ontológica. Ou seja, parte-se de algo cuja existência já está minimamente constituída como objeto a ser conhecido. Daí sua pretensão descritiva ou explicativa do conhecimento como um "ser". Ora, no construtivismo o conhecimento só pode ter o estatuto da correspondência, da equivalência e não da identidade (Piaget, 1980). Por isso, o conhecimento só pode ser visto como um "tornar-se" e não como um "ser". Em uma perspectiva adulta, formal, já constituída (ainda que em constante reformulação), sabemos, por exemplo, que há um conhecimento sobre leitura e escrita a ser transmitido. Trata-se de um conhecimento socialmente produzido e acumulado, cuja transmissão precisa ser feita ou repetida para aqueles que ainda não sabem ler ou escrever. Ora, em uma perspectiva "infantil", informal, ainda não constituída minimamente enquanto tal, a escrita *não é*, mas *se torna* como um sendo para alguém. Para esse alguém, não se tratará de descrever uma forma de ler ou escrever já praticada, mas de refazer (ainda que de forma abreviada) essa história e por meio de ações ou objetos (ou dos termos que os representam) que fazem sentido para ele. Assim, seria possível dizer que quando "nasce" um escritor também "nasce" uma escrita, quando "nasce" um leitor também "nasce" um texto, mesmo que, para outros, esses (o texto e a escrita) já estivessem constituídos.

Contrastando as duas posições (tornar-se X ser) de outra maneira: para o não construtivista a criança só saberá escrever no final do ano, quando tiver repetido o processo de alfabetização (ou dominado seus paradigmas); para o construtivista a criança já sabe escrever desde o primeiro dia de aula, ainda que esse seu saber venha a conhecer muitos aperfeiçoamentos (no processo de sua necessária tematização), de modo a se tornar mais legível e publicável para seu autor ou para um outro.

4. Ao construtivismo o conhecimento só tem sentido enquanto uma teoria da ação (em sua perspectiva lógico-matemática) e não enquanto uma teoria da representação

Como já analisamos no item 1, uma visão não construtivista termina por assumir o conhecimento como uma teoria da representação da realidade, não importa se boa ou má. Ora, na perspectiva construtivista um conhecimento a respeito de algo (em um recorte individual ou coletivo, como se faz em história das ciências, por exemplo) só pode ocorrer enquanto uma teoria da ação, que produz esse conhecimento. E nessa teoria interessam sobretudo os aspectos lógicos e matemáticos da ação. Lógicos, porque se trata de um sujeito ou uma sociedade construírem ou reconstruírem os procedimentos necessários àquela produção. Sabemos que tanto em termos físicos quanto simbólicos algo (o gesto de andar ou um texto, por exemplo) só acontece se certos instrumentos ou meios forem coordenados no espaço e no tempo, de modo que as relações entre seus elementos produzam um resultado coerente com um objetivo. A lógica expressa o "fazer bem" da ação, isto é, as regras de procedimento, a "sintaxe", sem a qual algo não se constitui como um "objeto" ou acontecimento. Matemáticos porque há uma "topologia", uma "álgebra", um "grupo de deslocamentos" desses estados e posições, sem os quais algo não acontece, nem se constitui. Matemáticos porque há uma lei de composição, que se repete, que é estruturante do fenômeno que, enquanto tal, só se expressa em suas infinitas versões. Ou seja, um engatinhar, enquanto ato, é sempre diferente de um outro, mas enquanto lei de composição, só se constitui como um "X", isto é, pela eterna troca de estados e posições, por exemplo, entre perna esquerda, braço direito, perna direita, braço esquerdo etc. Essa lógica e matemática da ação, que produzem conhecimento, dependem, como já implícito no termo "teoria", de uma significação (Piaget, 1946), ou seja, de uma linguagem que possibilita interpretar, dar um sentido à dinâmica de tudo isso. Dinâmica que opera por intermédio dos "significados" que transformam uma ação, e dos "significantes" que conservam os aspectos que a constituem como algo estruturado e eficaz, ou seja, válido. Nesse caso, não se trata de uma linguagem que apenas representa a realidade, mas que constitui ou conserva/transforma os aspectos da ação ou do pensamento, os quais têm valor (a ação ou pensamento) de conhecimento. Decorre disso que em uma visão construtivista produzem-se interpretações sobre a realidade e não fatos (posição não construtivista). Tais interpretações, pouco a pouco, na história de sua construção tanto teórica quanto metodológica, convergem para algo comum e público, isto é, em condições iguais, consentido por todos. O conhecimento científico (Piaget, 1967) é, em muitos casos, um bom exemplo disso.

5. O construtivismo é produto de uma ação espontânea ou apenas desencadeada, mas nunca induzida

Para encerrarmos estes comentários sobre "o que é construtivismo?", talvez seja bom analisar a mais difícil de suas exigências. Exigência esta que o separa definitivamente de um não construtivismo. Só a ação espontânea do sujeito, ou apenas nele desencadeada, tem sentido na perspectiva construtivista. Essa é a essência do "método clínico" de Piaget (1926), tão citado quanto incompreendido: saber ouvir ou desencadear na criança só aquilo que ela possui como patrimônio de sua conduta, como teoria de sua ação, como esquema assimilativo. Ora, em uma visão não construtivista a ação induzida é muitas vezes a mais frequente.

Para uma completitude entre construtivismo e não construtivismo

Adotei o procedimento de analisar construtivismo e não construtivismo como duas formas opostas e, por isso, irredutíveis de conhecimento. Assim fazendo temos, também, que concebê-los como complementares e fundamentais. O problema é saber quando ou como operar um ou outro. Sabemos que a síntese, a fórmula ou paradigma são tão necessários para a criança quanto a análise dos meios que produzem esse resultado. Ou seja, construtivismo e não construtivismo são duas formas de produção de conhecimento. O problema é diferenciá-las e integrá-las; é saber, repito, quando e como operá-los em proveito da educação da criança.

Havia um tempo em que casa, oficina e escola eram muito próximas e nelas tudo se fazia e compreendia. As transmissões ou lições de vida dos mais velhos eram tão frequentes quanto a participação direta das crianças nos trabalhos que aqueles realizavam. Ajudar a mãe a cuidar das galinhas, da horta ou da comida; ajudar o pai na ordenha das vacas, no cultivo da roça, no traçado da madeira era tão necessário para os pais, quanto eram as brincadeiras e travessuras para as crianças. Nesse contexto, muitas histórias da própria família, de sua tradição, das coisas boas e más acontecidas, eram contadas e recontadas nas muitas versões dos pais, avós, tias, irmãos mais velhos e outros. As primeiras letras eram obtidas, não raro também, graças ao interesse de um pai rico, contratando um professor particular, ou se servindo das habilidades de uma tia "solteirona" e sabida. A família era grande e próxima (no amor e no ódio, bem como no espaço e no tempo de seus desenlaces). O mesmo se dava com o espaço cultural representado pela Igreja (com suas festas e procissões), vizinhança (com as brincadeiras, jogos, caçadas etc.). Nesse tempo, as transmissões – quase sempre orais e fornecidas por alguém querido e respeitável – e as ações produtivas ocorriam simultaneamente. Tinha-se uma casa "construtivista" e "não construtivista" ao mesmo tempo. Essas duas perspectivas complementavam-se, fundiam-se quase que em uma só.

Hoje tudo mudou. A família é pequena, restrita aos pais (muitas vezes, só à mãe) e aos filhos. Trabalha-se fora. O tempo dentro de casa é curto e "precioso" (precisa-se cuidar da casa e dos filhos). O cansaço e a televisão concorrem entre si, para ver quem tira mais tempo das relações informais e descompromissadas entre os moradores da casa. Os vizinhos são desconhecidos e, por isso, perigosos. Os parentes moram longe e encontrá-los "custa caro". Muitas vezes, há mais desavenças do que avenças entre parentes e amigos, agora apenas colegas. Não é raro ter dois ou três empregos. Ao lado disso, tudo se especializou. O pão e outros alimentos são comprados prontos ou semiprontos. O tempo de preparo da comida, de lavagem da roupa e outros afazeres domésticos é, e tem que ser, curto. O médico, o psicólogo e o dentista cuidam da saúde. A escola dá a instrução. As instruções precisam ser breves, seriadas e eficientes. As relações são de preferência formais e objetivas. Nada de "nhenhenhém". Levar os filhos para ver os amigos ou colegas de escola é sempre difícil. Tem-se que economizar também nisso.

Construí, acima, de propósito, as imagens caricatas de um passado (não tão passado), simultaneamente construtivista e não construtivista, e de um presente pouco construtivista. Não se trata de saudosismo. Podem-se analisar as coisas de um outro ângulo. Hoje temos recursos técnicos (que dão ênfase às ações ou operações que produzem conhecimento) muito mais acessíveis do que antigamente. Hoje temos gravador, câmera fotográfica, câmera de vídeo, televisão, computador. Pode-se, por meio deles, fazer e refazer infinitas vezes uma ação e analisá-la nos seus mínimos detalhes. A metodologia das ciências está muito mais aperfeiçoada. As teorias se entrelaçam e explicam muito mais. Temos o telefone. Insisto, temos o computador, a impressora, que tornam, por exemplo, o processo de escrita muito mais simples e estimulante. Temos fax, modem etc. temos o rádio e o avião. Temos uma imprensa cada vez mais barata e ágil. Com isso, a criança dos dias de hoje conta com recursos para seu desenvolvimento não imagináveis há vinte ou trinta anos. Volto a dizer: não se trata de ser saudosista, mas de analisar o preço que pagamos por uma modernidade que rompeu uma função cuja análise (ou posição construtivista) e síntese (ou posição não construtivista) eram solidárias e complementares, até pelos poucos recursos de que dispúnhamos. Como aproveitar os recursos construtivistas dessas revoluções técnicas? Como tornar a escola construtivista, se a casa não pode mais sê-lo tanto quanto a criança precisaria? Como tornar a vida e as lições de vida uma realidade na escola?

Sabemos que há construtivistas "natos". Professores mais preocupados com o processo de aprendizagem de seus alunos. Que gostam do "nhenhenhén" das crianças, que valorizam a informação contextualizada e o modo como esta pode ser produzida pela criança. Professores que, nunca tendo ouvido falar deste nome ("construtivismo"), "traíam" a cartilha e inventavam outros recursos para a aprendizagem do ler, escrever e contar. O mesmo se pode dizer das famílias. Há algumas que, apesar do quadro limitativo descrito acima, sempre encontram tempo para viver e dar lição de vida para seus filhos, para contar histórias, para fazerem coisas juntos. Há outras que não se dispõem a isso. Minha conjectura é que, se a criança possui um "lar construtivista", então ela pode ("pagando caro", às vezes, por isso[2]) até frequentar uma "escola não construtivista", como essas escolas chamadas "tradicionais", "fortes", aonde as crianças vão para aprender as matérias, dentro da ordem e disciplina. E, pelo que já disse, penso que até nessas escolas sempre haverá professores ou outros funcionários construtivistas. Mas o problema é quando não há mais construtivismo (sempre no sentido traçado aqui) em nenhum lugar, e a criança tem que, quase sozinha e sem recursos, receber transmissões com conteúdos tão diferentes (português, matemática, ciências, regras morais, de higiene e saúde etc.) e tão importantes para sua formação. E se pensarmos nas dificuldades das famílias pobres, que mal e mal conseguem sobreviver? É claro que em sua sabedoria valorizam uma forma melhor de vida para seus filhos. Mas como fazê-lo se há coisas mais urgentes e se não têm recursos?

Para uma escola mais construtivista

O estatuto universal e obrigatório de educação primária é uma "conquista" do final do século passado (Delval, 1991). Antes, como sabemos, a escola era privilégio dos segmentos mais ricos e protegidos de nossa sociedade. Contudo, essa conquista na prática continua sendo uma quimera. Poucos são os que continuam na escola ou que, de fato, aprendem nela. Estes, não por acaso, são em sua maioria filhos de famílias com mais recursos financeiros e educacionais. Delval (1991) defende a tese de que os compromissos tradicionais da escola com a classe dominante continuam inarredáveis; ou seja, há fracasso escolar, mas não fracasso da escola em sua função conservadora dos privilégios dos seus protegidos. Minha suposição é que, manter-se não construtivista é uma das razões desse infeliz "sucesso" da escola.

---

2. Minha hipótese, um pouco mais desenvolvida em outro lugar (Macedo, 1991), é que nós, produtos da "cartilha" e de uma escola não construtivista, temos uma relação predominantemente utilitarista com as letras e os números. Ou seja, muitos de nós só escrevemos ou calculamos quando obrigados pelas circunstâncias da vida (trabalho, conta bancária, etc.). Penso que esta nova geração terá uma relação mais "amorosa" e espontânea com esses instrumentos, hoje fundamentais para uma cidadania mais digna e proveitosa.

Afirmei acima que nossa escola é predominantemente não construtivista. Consideremos, a esse respeito, que a transmissão de conhecimentos dos mais velhos para os "mais novos" é tradicionalmente uma tarefa de adultos. Por hipótese, são eles que possuem experiência e "maturidade" suficiente para tal. Ora, a "criança" é uma descoberta recente de nossa sociedade (Delval, 1991). Até alguns séculos pensava-se que ela fosse um adulto em miniatura; daí atribuírem-lhe tarefas hoje inadmissíveis. De outro lado, pensava-se também que ela fosse como um "anjo" pela sua inocência e simplicidade, pela incapacidade de compreender ou acompanhar certos acontecimentos da vida familiar. Daí esconderem-lhe certas coisas ou exporem-na a outras sem qualquer critério. Por outro lado, julgava-se que só o hábito, a experiência e a imitação modelariam a criança, tornando-a tal qual um adulto. Por isso se enfatizava a transmissão, a linguagem, a cópia. Mas hoje – pelo menos essa é nossa suposição em todo este texto – seja pelos aspectos já analisados, seja pelo que tantos outros autores têm mostrado, tornar-se mais construtivista é uma necessidade atribuída à escola. Então, quais as mudanças a serem feitas nos diversos aspectos de sua estrutura e funcionamento? A seguir indicarei alguns tópicos relativos a essas mudanças.

1. *Postura do professor.* Uma questão muito debatida é a postura do professor, por exemplo, diante dos conteúdos escolares. Supõem alguns que o professor construtivista não precisa valorizar os conteúdos ou matérias escolares, tanto quanto o fazem os professores da escola tradicional. Trata-se de um engano. O professor construtivista deve conhecer a matéria que ensina. Mas, por uma razão diferente da que se imagina. Antes, tratava-se de saber bem, para transmitir ou avaliar corretamente. Agora, trata-se de saber bem para discutir com a criança, para localizar na história da ciência o ponto correspondente ao pensamento dela, para fazer perguntas "inteligentes", para formular hipóteses, para sistematizar, quando necessário. O conhecimento científico sobre determinado assunto será sempre nossa referência principal. Mas não se trata de saber para impor ou induzir resposta na criança. Em uma visão não construtivista a resposta ou mensagem do professor é o que interessa, ao passo que em uma visão construtivista, o que importa é a pergunta ou situação-problema que ele desencadeia nas crianças (ver Capítulo 11).

2. *Materiais de ensino.* O lugar do livro didático e de outros recursos de ensino em uma escola construtivista é, igualmente, uma outra questão fundamental. Vejamos, por exemplo, a questão do livro didático.[3] Simplificando muito, qualquer um conhece o paradigma dos atuais textos didáticos: *a)* explicação sintética e "didática" dos conteúdos, *b)* exemplos, de preferência tirados de situação conhecida e *c)* proposta de exercícios ou experiências. Tudo isso apresentado com muitas ilustrações coloridas. O professor trabalha a situação explicando os termos desconhecidos e repetindo, com ou sem "arte", aquilo que já está disponível no texto. Se as dúvidas não são muitas, ou se o tempo urge, passa-se à unidade seguinte e assim sempre, até a "hora da verdade" (a prova). Isso porque, como se trata de um livro sobre matéria científica (matemática, biologia, física, história etc), não se pode "inventar" muito sobre o que lá está proposto. "Inventar" ou "viajar" é, quando muito, permitido ao texto literário, isso se o professor de português for "alternativo". Ora, em uma perspectiva construtivista tudo isso teria que ser repensado. Sabemos que um texto literário, como ponto de chegada, exige tanta coerência entre uma comunidade de leitores, quanto um texto dito científico. E, igualmente, sabemos que este, como ponto de partida, deveria admitir – no caso de se considerar a perspectiva de seu leitor – tantas versões quanto um texto literário. Mas muitas vezes qualquer semelhança entre o modo como se trabalha um texto científico e um texto literário é mera coincidência.

3. *Disciplina na sala de aula.* Uma boa aula não construtivista pede o silêncio e a contemplação dos ouvintes, para que o conferencista possa extasiá-los com seus conhecimentos e sua sabedoria. Pede a limpeza e o florido de uma sala de jantar, preparada para bem receber o amigo querido. Uma aula construtivista pede ruído e a manipulação, nem sempre jeitosa, daqueles que, diante de uma pergunta, não estão satisfeitos com o nível de suas respostas. Pede a "sujeira" e o experimentalismo de uma cozinha.

---

3. Devo essa imagem, mas sem responsabilizá-la pelas simplificações e generalizações aqui cometidas, à Profª Leny Martins Rodrigues Teixeira (1992). Ela realizou um importante trabalho (defendido como tese de doutorado, sob minha orientação) sobre educação matemática para crianças de 5ª série de 1º grau; a análise do livro didático e do modo como professores o utilizam na sala de aula é apenas uma de suas contribuições.

Reconheço que minhas imagens são grosseiras, extremadas e muito caricatas. Mas com elas apenas gostaria de lembrar ao leitor os valores que passamos, conscientemente ou não, nas "milhares" de vezes em que um professor intervém cobrando um silêncio, que é mais um mutismo, ou exigindo uma ordem, que é mais um "varrer para debaixo do tapete".

4. *Avaliação escolar.* Em outros textos desenvolvi, ainda que de forma igualmente introdutória, questões relativas ao erro (Capítulo 8) ou à avaliação escolar (Capítulo 11). Aqui, quero apenas mencionar que esta eterna, importante e irresoluta questão "como e por que avaliar produção escolar da criança?" tem tratamentos muito diferentes, dependendo da perspectiva construtivista ou não construtivista do professor. E se é correto, como suponho, que muitos de nós admitimos a necessidade de a escola tornar-se mais construtivista – ainda que não tenhamos, no momento, boas respostas para isso – então será preciso, também, discutir a avaliação nessas novas bases.

Referências bibliográficas

DELVAL, Juan. *Crecer y pensar.* Guanajuato, Paidós Mexicana, 1991.

MACEDO, Lino de. Jogos de palavras e cognição. *Revista Trino*, São Paulo, nº 2, pp. 43-47, 1991.

PIAGET, Jean. *La représentation du monde chez l'enfant.* Paris, Presses Universitaires de France, 1926.

_____. *La naissance de l'intelligence chez l'enfant.* Neuchâtel, Delachaux & Niestlé, 1936.

_____. *La construction du réel chez l'enfant.* Neuchâtel, Delachaux & Niestlé, 1937.

_____. *La formation du symbole chez l'enfant.* Neuchâtel, Delachaux & Niestlé, 1946.

_____. dir. *Logique et connaissance scientifique.* Paris, Gallimard, 1967.

_____. *La prise de conscience.* Paris, Presses Universitaires de France, 1974a.

_____. *Réussir et comprendre.* Paris, Presses Universitaires de France, 1974b.

_____. *L'equilibration des structures cognitives.* Paris, Presses Universitaires de France, 1977.

_____. *Recherches sur les correspondances.* Paris, Presses Universitaires de France, 1980.

TEIXEIRA, Leny M. R. *Aprendizagem escolar de números inteiros: análise do processo na perspectiva construtivista piagetiana.* São Paulo, 1992. Tese (doutorado). Instituto de Psicologia da USP.

Construtivismo e prática pedagógica   4

O que é construtivismo? Como distinguir este momento ou recorte do processo de conhecimento, de outros não construtivistas? Como analisar aspectos da prática pedagógica em uma perspectiva construtivista? Essas questões serão ordenadoras deste texto. O objetivo subjacente a todas elas será propor algo que sirva de fundamentação a alguns aspectos da prática pedagógica do professor.

Piaget (1967) respondeu às duas primeiras questões, formuladas acima, em *Logique et connaissance scientifique*. Nesse livro, analisa-as por intermédio de um quadro muito interessante. Nele (pp. 1240 e 1241) sua Epistemologia Construtivista é contraposta a Epistemologias Não construtivistas (reducionistas ou antirreducionistas). Em outro texto (Macedo, 1994) analisei parte desse quadro. Aqui as questões serão retomadas de um outro modo. Serão apenas mantidos alguns aspectos das relações que Piaget estabelece entre estrutura e gênese, de um lado, bem como objeto e sujeito, de outro.

Estrutura ↔ Gênese, Objeto ↔ Sujeito

O construtivismo é um momento crucial em nossa relação com um dado conhecimento ou com um dado momento de nossa vida. Refiro-me àquele momento em que podemos ver as coisas de um outro modo, podemos coordenar diferentes pontos de vista e, ainda, nos criticar, ou seja, nos analisar na perspectiva de um outro. Insisto, não é possível ser construtivista o tempo todo; o importante é saber quando se está podendo ou querendo ser construtivista. Ser construtivista implica considerar reciprocamente estrutura e gênese, bem como objeto e sujeito.

Uma das formas de interpretação do mundo implica a construção de um modelo, por correspondência ou atribuição, referente às estruturas que o regulam. É isso o que fazem, por exemplo, os físicos quando se utilizam da álgebra ou da geometria para analisar aspectos dos movimentos dos objetos. As equações ou modelos utilizados por eles dão "visibilidade" ao que não pode ser visto diretamente. Mas, nem todos somos cientistas. A intuição é a forma primitiva de imaginarmos uma estrutura, pelas informações parciais que temos dela.

A intuição corresponde à necessidade e à possibilidade de, com algumas informações (por intermédio de algo incompleto, parcial), darmos forma a alguma coisa. Por exemplo, na sala de aula a professora ou o professor utilizam-se da intuição para interpretar o que está acontecendo ali. Suas intuições na prática pedagógica são importantes para ordenar o modo como trabalham, como se relacionam com seus alunos. A intuição é organizadora de nossa conduta. Quem diz estrutura, diz necessidade de dar forma, de completar as coisas, de tratá-las como se fossem um todo, ainda que, desse todo só se tenha acesso às partes. Ou seja, de um ponto de vista sensorial ou motor nunca poderemos ter, por inteiro, um objeto qualquer. Isso porque uma parte sempre nos escapará. Se olho a frente não vejo o fundo; se olho um lado, não vejo o outro. No entanto, tenho que pensar o objeto como um todo, como algo que forma uma unidade discreta, que se configura como tendo um interior (com as partes ou com os conteúdos que o compõem) por oposição a um exterior (com os limites que o separam dos outros objetos ou das outras formas). Daí a função da estrutura, como ordenadora, como explicativa. Quem diz estrutura, compromete-se com a descrição do que o objeto é. Quem diz estrutura, compromete-se com a descrição das ações que o construíram, inventaram ou descobriram.

Uma outra forma de interpretação do mundo corresponde à descrição ou à análise das relações causais que o determinam. Isso é necessário porque, em uma perspectiva não estruturalista, o mundo se apresenta como um combinatório em que tudo é provável, em que tudo é contingencial. O hábito é que nos "protege" desse contexto de pura variação.

O hábito corresponde às rotinas, sábias ou não, que montamos ou que alguém monta para nós, graças às quais podemos prever e organizar o cotidiano da sala de aula ou da escola, por exemplo. A ideia implícita é que, além disso, possibilitam, pela costumeira ou intencionada repetição, experiências com valor de aprendizagem para nossos alunos. Porque o hábito, automatizando uma sequência de coisas (hora da "rodinha", hora da matemática etc.), possibilita à criança antecipar os acontecimentos, possibilita-lhe, graças à rotina, organizá-los como uma experiência significativa para ela. Quem diz gênese, compromete-se com a narrativa, com os acontecimentos articulados em seu eterno antes e depois. Nessa perspectiva interpretamos nossas ações, não só pelos objetos ou acontecimentos que produzem, mas igualmente pela memória associada a essas produções, por aquilo que nunca mais iremos esquecer (ainda que inconscientemente).

Objeto corresponde ao que pode ser conhecido, ao cognoscível. É o que ganhou forma, sendo seu conceito, ou sua definição, a mais importante dessas formas. Ao menos na escola. O conceito garante que um objeto adquiriu um certo caráter de absoluto, constante, formal, possuidor de uma lógica interna e que, por isso, pode ser conhecido, estudado. Não são assim os conceitos que nós professores tentamos ensinar, ano após ano, na escola: tão acabados, tão perfeitos, ainda que tão distantes de nossos alunos e quem sabe de nós mesmos? Além disso, quando algo adquire o estatuto de objeto, ou de conceito, é porque adquiriu independência, pôde ser isolado das ações que o produziram, ganhou autonomia. Não são assim tratadas na escola as letras, as palavras, os números, as definições de ciências, as datas e os acontecimentos históricos ou as descrições geográficas? É como se tais conceitos fossem triplamente independentes: dos autores ou dos pesquisadores que os descobriram, inventaram ou construíram, dos professores que os ensinam e dos alunos que os aprendem!

Uma abordagem não construtivista considera o sujeito como alguém que quase sempre nada sabe, ou cujo saber tem pouco valor. Mas, curiosamente, essa forma trata a criança como um "objeto", com seus problemas, características, suas dificuldades emocionais, sua raça. A criança é, assim, ambivalentemente tratada ao mesmo tempo como algo "vazio" (sujeito) e "cheio" (objeto).

Para lembrar uma forma não construtivista de se analisar a relação sujeito-objeto na sala de aula, talvez seja suficiente recorrermos ao momento de leitura de um texto. As estruturas deste são tratadas como independentes das estruturas de quem os lê. Independentes no sentido de neutralizadas entre si. Quando observamos as crianças, suas dificuldades, o modo como interpretam o material lido, "esquecemo-nos" do texto, de seu conteúdo, de suas formas gramaticais etc. Quando voltamos ao texto, então nos "esquecemos" das crianças que os leem, de sua origem social, do sentido e do encaixe que esse material tem em suas vidas, em seu futuro, na realização de seus sonhos e dos de suas famílias, nas experiências de seu cotidiano. Além disso, muitas vezes agimos assim: os textos (mormente os científicos, que estão escritos nos livros didáticos) apresentam conceitos de forma acabada, fechada, indiscutível. Já seus leitores, só possuem noções, isto é, ideias precárias, confundidas, intuitivas, que nunca se "purificam", porque são da ordem do sujeito e não do objeto. Por que, ao menos provisoriamente no cotidiano da sala de aula, não invertemos as coisas, ou seja, damos estatuto de conceito ao que dizem as crianças e estatuto de noção ao que dizem os autores?

O que se quis marcar até agora neste texto é que muitas vezes valorizamos o hábito, a intuição, o ponto de vista do sujeito, ou do objeto, o conteúdo que está sendo ensinado, o que está no livro, que se tornou conceito etc., mas de uma forma linear, separada. A proposta construtivista é coordenar esses diferentes aspectos. É, por exemplo, "propor à intuição" que se explique, que demonstre ou busque suas razões. Para essa perspectiva com base na intuição isso é muito difícil, porque o próprio dela é fechar um quadro, é dar uma resposta que dispensa demonstração, ou seja, que não quer saber ou explicar seu porquê. Ora, quando o resultado que produz é satisfatório (por exemplo, nosso trabalho acontece, os alunos aprendem etc.) ela pode até ser positiva; mas, e se os resultados não forem satisfatórios? Em verdade, mesmo quando os resultados forem bons, vale a pena sair da pura intuição. Quantos professores desconhecem por que seu trabalho cumpre os objetivos buscados? Quantos guardam consigo e com "seus poucos alunos" o segredo de seu sucesso escolar?

Nesse sentido, a proposta construtivista é a de "pedir à intuição que se explique" quando diz "acho que esta criança não está bem; acho que ela não vai aprender isso", que tematize suas razões.

Em outras palavras, uma abordagem construtivista proporia nos momentos intuitivos de nossa vida que demonstrássemos mais, explicássemos mais, coordenássemos mais os pontos de vista. Ou seja, diria à intuição: "saia de seu fechamento e de sua convicção primeira e total; tente encontrar as razões para isso". Às vezes a intuição é má, às vezes é boa; nos dois casos, vale a pena tematizá-la, dar voz a ela.

O que um momento construtivista proporia ao hábito, que é um organizador tão importante na sala de aula quanto fora dela, é que rompesse com sua rigidez; porque com o tempo tornamos o hábito rígido. Isto é, se no começo funciona como um meio importante, com o tempo pode tornar-se o próprio fim das coisas. Rigidez implica automatização, não pensar mais, fazer porque estava "previsto", mesmo que as novas circunstâncias da vida não mais justifiquem isso. De novo, é preciso tematizar aquilo que ficou automático, que se justifica por si mesmo, porque continua igual. "É a força do hábito", costumamos dizer. Por isso, é importante tematizar os automatismos do hábito, criticá-los, atualizar sua justificativa. Ou seja, para um momento construtivista, as questões são: como criticar os hábitos, como pesquisar novas possibilidades, como construir novos hábitos diante de uma nova realidade?

Um momento construtivista pediria à experiência, por mais linda e enriquecedora que fosse: "não dê estatuto de necessidade ao factível". O que quer dizer isso? Não é porque aconteceu algo que deva ser sempre assim. Esse é o problema da experiência: por ser tão significativa, forte, torna obrigatório aquilo que aconteceu, às vezes, de uma forma casual e qualquer, como se devesse acontecer sempre.

Tal como propus que a estrutura (fonte das intuições) considerasse a gênese (fonte dos hábitos) e vice-versa, proponho que sujeito e objeto façam o mesmo. Mais que isso, proponho que nesse diálogo o objeto possa ser pensado como sujeito e este como objeto. Como poderia ser isso? Usualmente, conhecemos o sujeito pelo conteúdo ou pelo significado de suas ações, isto é, pelo que faz. E conhecemos o objeto pela sua forma, pelo que é, ou seja, por seus invariantes ou significantes. Tratar o sujeito como objeto seria buscar sua forma, ou dar forma aos seus conteúdos. Seria perguntar por suas estruturas, interessar-se pelo que o organiza, pelo que nele se repete. Tratar o objeto como sujeito seria analisar seus conteúdos, não considerá-lo como tal, mas pesquisá-lo, analisá-lo. A consequência dessa inversão seria muito importante: permitiria pensarmos sujeito e objeto como indissociáveis. Assim fazendo, trataríamos um em função do outro, como partes de um mesmo todo, como complementares. Nessa relação de complementaridade, por exemplo, um texto consideraria sempre o leitor, "para quem ou em nome de quem foi feito"; uma caneta e uma folha em branco pediriam um escritor. Mas se complementares e indissociáveis, continuariam irredutíveis um ao outro: texto é texto, leitor é leitor. Cada qual com suas estruturas, suas necessidades, sua história e seus caminhos.

Cópia ↔ Exercício
Compreensão ↔ Explicação

Proponho que cópia, exercício, compreensão e explicação sejam entendidos como correspondentes, na prática pedagógica, a estrutura, gênese, sujeito e objeto. O Quadro I reúne esses oito termos na forma como pretendo analisá-los aqui.

Quadro I

	Estrutura	Gênese
Objeto	cópia	exercício
Sujeito	compreensão	explicação

Por que colocar a cópia no cruzamento estrutura/objeto? Porque a ideia da cópia, por exemplo, na cartilha ou no pressuposto do professor que trabalha com ela, é que as palavras (ou letras) são objetos, valem por suas formas, por suas estruturas, pelo todo. E se as letras, as palavras, as frases têm uma estrutura, é preciso apreendê-las como um objeto. Se algo vale por sua forma, pelo que é, copiá-lo até a "perfeição" é um dos caminhos, para muitos, o melhor. Muitas vezes é assim, por exemplo, na aprendizagem de uma arte. O que lamento, em uma perspectiva construtivista, não é a cópia em si, mas a forma esvaziada e sem sentido à qual foi reduzida na escola.

Na aprendizagem artística a cópia mantém um sentido de laboratório, de pesquisa, de desafio, de por meio dela, podermos nos aproximar da forma perpetuada, por exemplo, pelo grande autor, para que dele possamos ser intérpretes. Ou seja, o sentido criativo, investigativo, daquele que copia não foi perdido. O desafio construtivista na escola seria devolver à cópia o sentido de pesquisa ou de busca.

A ideia da cópia como "conhecimento" é muito antiga; remonta a Platão e corresponde à uma visão idealista do mundo. Nessa ideia estrutura/objeto, a cópia nos "lembra" que pode haver uma forma perfeita de mundo. Esta forma é Deus ou todos aqueles a quem damos Seu nome. Só Ele conhece as coisas perfeitas, os triângulos perfeitos, a natureza perfeita. Aos seres humanos resta a imperfeição, e só pela intuição podemos imaginar ou "perceber" as coisas perfeitas. O ser imperfeito, que só pode intuir o perfeito, obtém isso pela cópia, pela imitação, pelo fazer ou ser o mais semelhante possível a Esta Única Referência. Ou seja, a cópia é o caminho mais reto, mas sábio para se aproximar do perfeito. Daí o idealismo, porque as coisas perfeitas são ideias. Somos seres imperfeitos e só por meio da cópia, como atitude fundamental, podemos nos aproximar das várias ideias perfeitas. Quando a escola, quando nós professores ou pais valorizamos a cópia como algo fundamental, estamos, às vezes mesmo sem sabê-lo, atuando nessa perspectiva epistemológica.

No cruzamento gênese/objeto localizamos o exercício, a repetição dentro de uma rotina, que vai se estabelecendo como um hábito. E, com isso, possibilitando que a experiência, garantida pelo exercício, seja fonte de conhecimento. O exercício está para a gênese, como a cópia está para a estrutura. E ambos estão na linha do objeto, porque são tomados como coisas constituídas, prontas, que se repetem e que têm valor de objeto, ainda que sejam em si mesmos atividades de um sujeito. Exercitar é como sabemos, copiar algo "milhares de vezes" para que, graças a isso, um objeto (um texto, as letras, uma tabuada, uma coordenação motora etc.) "entre ou se fixe em nós", passando a ser nossa "segunda natureza".

O exercício, como fonte do conhecimento, vem desde os tempos de Aristóteles, sucessor de Platão. É a ideia do empirismo. O exercício corresponde à ideia de que aprender é criar hábitos. Aristóteles pensava a experiência enquanto um organizador muito forte, como geradora de conhecimento. Aquilo que é caótico, que não tem forma, não produz conhecimento. Então o hábito é a melhor forma de produzir algo como uma experiência, portanto, como um conhecimento. Daí a importância do exercício, porque é o repetido como experiência que se torna habitual.

O problema na escola é que o recurso ao hábito ou à rotina foi esvaziado de sentido. Voltemos para a perspectiva da arte ou da pesquisa científica. Nestas, muitas vezes, o exercício, o hábito, a cópia têm um sentido criativo, desafiador e crítico. O cientista, por exemplo, repete muitas vezes um experimento para ter certeza do valor de seus achados, para garantir que suas observações ou conclusões mereçam ser publicadas. O artista exercita-se muitas horas para aperfeiçoar um gesto, para chegar a um resultado satisfatório, para tornar algo mais bonito, mais agradável. Em ambos os casos, não se tem o exercício por si mesmo, pela repetição, mas como forma de construir algo melhor, mais consistente. Na escola – insisto – nem sempre sabemos propor exercícios de uma forma construtivista; por isso se tornam enfadonhos, tanto para nós como para os alunos.

No cruzamento estrutura/sujeito localizamos a dedução ou compreensão. Para os propósitos deste texto, basta nos lembrarmos de que dedução corresponde à capacidade que tem o ser humano para estabelecer relações entre as coisas, para tirar conclusões a partir de algumas informações. Corresponde ao poder de nosso raciocínio, pelo qual se chega a algo desconhecido a partir de algo conhecido ou dado como premissa ou pressuposto. O lógico realiza isso obedecendo a regras rigorosas de relação entre os termos, objetos da dedução. Mas, na escola, esta forma de raciocínio foi esvaziada de seu sentido original. Por exemplo, às vezes, o professor diz para si mesmo: "vou dizer algumas palavras, explicar algumas coisas, dar alguns exemplos e meus alunos vão concluir ou deduzir o que quero dizer com isso". Os alunos, igualmente, agem ou pensam mais ou mesmo da mesma forma: "vou escrever ou falar algumas coisas e o resto está implícito". Ou seja, o pressuposto é que, com poucas informações, o outro vai entender.

O que pretendo nesta parte do texto não é analisar a dedução, mas sim sua descaracterização na prática pedagógica. Nem sempre as informações que o professor dá são suficientes para que os alunos possam deduzir o conhecimento que ele quer que concluam.

A dedução, como fonte de produção de conhecimento, tem um pressuposto racionalista ou cartesiano. É a ideia que corresponde àquele momento do desenvolvimento social, em que o ser humano tomou consciência de (ou resgatou) seus poderes de pensar. De poder, pela sua razão, alcançar a perfeição que antes era privilégio, como vimos, de Deus, ou seja, de algo exterior ou superior ao homem. Agora, pela racionalidade, o homem também poderia, ao menos como método de conhecimento, duvidar das coisas e por esse meio pensá-las. Isto é, pela sua razão, por sua capacidade dedutiva o homem poderia, por isso mesmo, aprender. Na escola isso é muito importante, pois muitas vezes o professor depende da dedução – sua e de seus alunos – para explicar certas matérias.

No cruzamento gênese/sujeito localizamos a explicação, como prática pedagógica pela qual o professor transmite conhecimentos aos alunos. Corresponde à ideia muito comum na escola (e nas casas das crianças também) de que falar, dar a voz a algo, seja suficiente para aprender ou para passar uma informação. Trata-se de uma antiga ideia filosófica – o nominalismo – que a escola incorporou e tornou a regra de ouro de sua prática pedagógica. O nominalismo defende a ideia de que dar nome é o mesmo que conhecer. De fato, talvez as coisas mais importantes para nós só existam quando podem ser nomeadas, porque fora disso não têm existência própria. Por exemplo, nunca vimos uma flor. Esta, na natureza, encontra-se confundida ou reduzida aos seus exemplares: rosa, margarida etc. mas, ao ser nomeada, pode sintetizar todos esses vegetais. Pode, também, como metáfora nos remeter a muitas imagens. Insisto, as coisas mais importantes para nós só existem enquanto objetos linguísticos, como conceitos. Daí a escola ter transformado a explicação em "verbalismo", como forma usual de transmitir conhecimento, acreditando que "explicar" (por parte do professor) é o mesmo que conhecer (por parte do aluno).

Considerações finais

A questão final que gostaria de colocar neste texto é esta: como ressignificar, na prática pedagógica, em uma perspectiva construtivista os problemas aqui analisados? Trata-se de uma questão difícil e desafiadora. Ser construtivista implica ter uma prática pedagógica com base não apenas na simples transmissão, por mais importante que seja. Implica, também, tratar a prática pedagógica como uma investigação, como uma experimentação. Em uma escola mais construtivista a cópia não morreu, mas foi ressignificada como trabalho de pesquisa ou aperfeiçoamento. Para o aluno sempre será importante copiar algo que valoriza.

O mesmo vale para o exercício. Este sempre será fundamental. Sem a repetição, feita com prazer funcional, afeto ou significado, não se aprende. Ser construtivista não é fazer uma coisa uma única vez, mas sim praticá-la, exercitá-la; mas com sentido de pesquisa, de descoberta, de invenção, de construção. Exercitar com o desafio de fazer melhor, de superar a si mesmo.

Construir conhecimento implica em deduzi-lo a partir de um outro já sabido ou dado, ainda que parcialmente. Essa parcialidade corresponde ao limite das relações sujeito/objeto. Mas, uma coisa é uma dedução pensada em um contexto de pesquisa, de diálogo, de demonstração, de busca, de argumentação; outra é ela tida como pressuposto.

A explicação verbal é importante na prática pedagógica. Ser construtivista não é ser contra a linguagem, mas tratá-la de um outro ângulo. Muitas vezes, a nomeação não tem sentido para nós; é vazia, não comunica, nem expressa. Às vezes, nada mais representa do que o esforço de um professor, ao pretender que está explicando um conteúdo para seu aluno. Às vezes, nada mais representa que o esforço de um aluno, ao dizer coisas que não entende, nem acredita. Ser construtivista é, quem sabe, devolver um pouco do sentido de tudo isso. Desse sentido que tem se perdido na escuridão dos tempos e na clara insensatez dos homens.

Referências bibliográficas

MACEDO, Lino de. Epistemologia construtivista e psicopedagogia. *In:* Claudete Sargo *et alii*, orgs. *A práxis psicopedagógica brasileira*. São Paulo, ABPp, 1994, pp. 25-44.

PIAGET, Jean. Les courants de l'épistémologie scientifique contemporaine. *In:*____, org. *Logique et connaissance scientífique*. Paris, Gallimard, 1967, pp. 1225-1271.

Construtivismo e fracasso escolar 5

De Granger (1974), em seu livro, *Filosofia do estilo*, capítulo 8, "A imagem da ação na construção do objeto científico", transcrevo, abaixo, os trechos que servirão de mote ao presente texto:

"...Sendo as questões que nos interessam, essencialmente estilísticas, dizem respeito sobretudo à passagem do vivido às estruturas que o objetivam e, eventualmente, à passagem inversa – mas de modo algum simétrica – do objeto científico à reapreensão ativa do vivido..." (p. 251).

"...o trabalho de objetivação do fato humano pode apresentar-se, inicialmente, como uma neutralização pura e simples da ação vivida..." (p. 252).

"...neutralizar essa ambiguidade da noção, reduzindo a ação aos *efeitos*" (p. 253, grifo de Granger).

"...a teoria piagetiana da sucessão de equilíbrios constitui um passo original e fecundo para a transposição da imagem intuitiva da ação em uma categoria objetiva" (p. 283).

"...O equilíbrio liga-se, pois, antes a um *sistema de atos virtuais* do que a uma situação... Além disso, se elas (as realizações virtuais) definem um equilíbrio, é que representam transformações anuláveis por transformações inversas; toda operação num sistema de equilíbrio supõe, ou pelo menos invoca, uma operação associada que a compensa. Tal é o sentido da *reversibilidade*..." (p. 283 – 284, grifos de Granger).

Qual é o estatuto da ação em uma perspectiva não construtivista do conhecimento por oposição ao de uma perspectiva construtivista? Como pensar essa diferença na questão do fracasso escolar?

No capítulo 3, ao propor uma função educacional ao construtivismo, destaquei cinco diferenças entre ele e uma posição não construtivista do conhecimento. Analisei, também, a inevitável completude entre essas duas posições. No presente texto, como mencionado acima, destacarei o estatuto da ação em cada uma delas e suas eventuais consequências para uma escola sinceramente preocupada com as razões de seu fracasso, mesmo que reduzido aos critérios de evasão e repetência.

Granger (1974, cap. 8) analisa o estatuto de uma "ação neutralizada" ou reduzida aos seus "efeitos" por oposição a uma ação "integrada num objeto de ciências do homem" (p. 281), reconhecida em sua significação e não apenas nos "fatos" que produz. Quando faz isso, ainda que seus objetivos sejam outros, não resisto a corresponder suas considerações ao que designo por este par de opostos: visão construtivista X não construtivista.

Na visão não construtivista, as ações que produzem um conhecimento são reduzidas aos seus efeitos, ou seja, aos "objetos" nos quais elas se tornaram. A linguagem é, sem dúvida, o mais fascinante e radical desses objetos. Nessa perspectiva, a ação é neutralizada ou reduzida ao seu produto mais "poderoso": a rede de conceitos, por intermédio dos quais o teórico descreve as leis ou explica aquilo que "controla" a natureza ou o "comportamento" do ser humano. É isso que defendi (no Capítulo I) como uma visão ontológica do conhecimento, em que algo se constitui como um objeto que é, desligado da história ou narrativa das ações (sem dúvida, sincréticas, controvertidas e pouco controláveis) que o produziram. Esses objetos ou corpo conceitual constituem, como sabemos, a matéria-prima com que, muitas vezes em vão, os professores trabalham na sala de aula e os alunos têm, se não como a única, talvez como a fonte de referência mais importante: o livro didático.

Um professor comprometido em reproduzir ou transmitir o que está escrito no livro, como deve fazer para trazê-lo ao mundo do experienciável pelo aluno? Principalmente se, tal como "axiomaticamente" aceito por muitos professores, supõe-se que no livro os conceitos estão objetivamente estruturados como algo científico? A solução não construtivista apela aos paradigmas ou modelos (prenhes de significantes) e aos exemplos ou casos típicos (prenhes de significados) que o "ilustram".

Ainda que consistente, porque se trata de manter as ações neutralizadas e reduzidas aos seus efeitos, o recurso ao paradigma e seus exemplos, ao menos para muitas crianças, resulta em uma aprendizagem pouco significativa. É que o não construtivismo é uma forma adulta de produção de conhecimentos e por isso de natureza formal ou formalizante; corresponde às estratégias a que tantos ilustres pensadores recorreram para discutir ou defender seus pontos de vista. Daí, não por acaso, o recurso a uma linguagem sofisticada, rica em conceitos ou a uma lógica matemática de mais alto nível.

Essa forma (não construtivista), ainda que seja "bem-sucedida" na perspectiva adulta, quando aplicada ao ensino/aprendizagem de crianças pode gerar dificuldades. E não por acaso, por mais trivial que seja esta nossa lembrança, suas maiores vítimas estão entre os segmentos mais empobrecidos de nossa sociedade. É que a dimensão da sua vivência, ainda que rico, complexo, exuberante e prenhe de significações – como qualquer outro – é pouco compartilhável com aquela outra dimensão, cujas representações em forma de conceitos, paradigmas e exemplos são aparentemente oferecidas a essas crianças. Pouco compartilhável porque a ação neutralizada e reduzida a seus efeitos nem por isso perde o sentido daquilo, em nome e a serviço de que foram produzidas. Por isso, aparentemente oferecidas porque, infelizmente, há de se dar razão a Delval (1991): "a aprendizagem escolar ainda continua um privilégio dos segmentos mais ricos de nossa sociedade. E se os pobres têm acesso à escola, o fracasso escolar é uma torpe anulação desta, até agora, aparente conquista social do século passado."

Uma prática construtivista, como esbocei no capítulo 3, terá melhor resultado na superação do fracasso escolar? Diria que nessa hipótese muitos apostam. Diria que fazem bem, ao menos como verificação de uma possibilidade alternativa a uma prática não construtivista.

Qual o estatuto da ação em uma perspectiva construtivista? Quanto a isso, apenas seguirei Granger (1974), quando valoriza, ao citar Piaget, os aspectos já transcritos no início deste texto: *a*) a teoria da equilibração transforma a imagem intuitiva da ação em uma categoria objetiva e *b*) corresponde a um sistema de atos virtuais, com sentido de reversibilidade. Nessa síntese, Granger, de fato, lembra-nos o essencial do esforço teórico de Piaget: *a*) explicar como nas trocas do organismo com o meio via esquema de ação (com suas funções de assimilação e acomodação), um sujeito primeiro estrutura esses esquemas em um nível sensório-motor (Piaget, 1936) para, em seguida, via trabalho de correspondência e transformação (Piaget, Henriques & Ascher, 1990), reestruturá-los em um nível representativo; *b*) além disso, toda a última parte da obra de Piaget (cf. Fondation Archives Jean Piaget, 1989) é dedicada à análise das construções que tornam um esquema de ação ou uma operação possíveis ou necessários (Piaget, 1983). Ora, a construção dos possíveis corresponde àquilo que Granger designou por "sistema de atos virtuais", enquanto a construção do que é necessário a uma ação depende de um sistema de regulamentação (ou de reversibilidade) que anula, compensa etc., aquilo que na história de sua constituição tornou-se inevitável. Os atos virtuais, ou sistema de possibilidades, pelo jogo de suas diferenciações é que dão abertura às novas construções. As regulações ou sistema de necessidade, pelo jogo de suas integrações, é que exigem coerência dessa nova construção, obrigando ao que era "todo" agora ser "parte", reciprocamente considerada, de um novo todo. Daí uma sucessão de equilíbrios, qualitativamente distintos um do outro, integrando um processo de construção que Piaget (1975) chamava de "majorante", por intermédio do qual, e não por acaso, uma construção individual teria, cedo ou tarde, como convergência aquilo que melhor uma sociedade pôde operar sobre determinado problema ou noção, isto é, seu conhecimento científico.

Mas, o importante a ser retido, nas considerações acima, é o estatuto da ação em todos os momentos dessas construções. Ressalte-se, porém, que Piaget (1936) valorizava uma classe muito particular de ações: aquelas que, por assimilarem/acomodarem reciprocamente, constituem primeiro um esquema e depois uma operação, graças aos quais a interação sujeito/objeto vai se transformando qualitativamente para melhor (Piaget, 1975).

Nas considerações sobre a perspectiva construtivista omiti, até agora, qualquer referência explícita ao estatuto do social. Com isso, corri o risco de fixar uma imagem de que o fracasso escolar, por exemplo, seria devido a problemas individuais na construção dos esquemas ou operações. De fato, corre esse risco toda abordagem (filosófica, artística ou científica) que deposita na ação o pressuposto de sua constituição. No caso de Piaget, o quadro complica-se pela singularidade de sua teoria. Para lembrar isso, proponho a leitura do esquema a seguir:

Dimensões	Individual (específica)	Coletiva (geral)
Biológica	--	Piaget
Social	Piaget	--

Proponho reduzirmos nossos movimentos ou posições ao quaterno: "individual" X "coletivo" ou "biológico" X "social". O segundo par lembra nossa dupla herança: irredutível, complementar e indissociável; o primeiro par, sua dupla forma de expressão, também, irredutível, complementar e indissociável. A teoria de Piaget, quanto ao "biológico", considera o que é privilégio da espécie e que, em condições iguais, seria, portanto, acessível a todos, independentemente de sua raça, sexo etc.; e, quanto ao "social", considera o que é específico de um indivíduo, de uma época etc., ou seja, valoriza mais o que pertence ao "matemático" do que à "matemática". Ora, há outros autores que, quanto ao social, valorizam o que é da ordem do coletivo e que, quanto ao "biológico", valorizam o que é específico de uma cultura ou contexto. Daí a singularidade da teoria de Piaget.

O quadro acima proposto faz uma interessante reviravolta quanto à questão do fracasso escolar: o que é tradicionalmente imposto ao "individual" seria transferido ao "coletivo" e vice-versa, o mesmo ocorrendo nas dimensões "biológica" e "social". Aliás, essa "revolução copernicana" é inevitável quando se valoriza a narrativa mesma das ações, por oposição a uma perspectiva que as reduzem a seus efeitos, ou seja, aos objetos nos quais se tornaram.

Estará a escola preparada para valorizar as ações de suas crianças, enquanto experiência vivida, e ao mesmo tempo estará metodologicamente capacitada para transformá-la em um objeto científico, ou seja, em uma linguagem matemática, gramatical, biológica etc.? Como fará para aproximar os sistemas de significação das crianças (por intermédio dos quais, segundo Granger, interpretam sua experiência) dos sistemas formais (por intermédio dos quais as ciências explicam e descrevem suas leis)? Os líderes, que controlam as políticas públicas, suportarão, no contexto do complexo jogo de interesses envolvidos nesta questão, as consequências dessas transformações? Infelizmente, somos bastante pessimistas a esse respeito, por mais que pressões sociais – internas e externas à escola – favoreçam atualmente uma experiência construtivista.

Mas, ainda que pessimista, julgo que o construtivismo – seja aquele de Piaget ou de qualquer outro teórico – nos ajudaria a analisar o fracasso escolar de uma forma original e válida. Original porque, ainda que centrado nas ações da criança e suas significações, valorizaria nestas não seus limites e impossibilidades (o que corresponde à leitura tradicional e não construtivista, sobre a qual tanto se falou e denunciou), mas toda sua riqueza de construções e de superações. Válida, porque apoiada em uma outra forma de conceber o ser humano e o sentido de suas realizações.

Referências bibliográficas

DELVAL, Juan. *Crecer y pensar.* Guanajuato, Paidós Mexicana, 1991.

FONDATION ARCHIVES JEAN PIAGET. *Bibliographie Jean Piaget.* Genéve, 1989.

GRANGER, Gilles-Gaston. *Filosofia do estilo.* São Paulo, Perspectiva/EDUSP, 1974.

PIAGET, Jean. *La naissance de l'intelligence chez l'enfant.* Neuchâtel Delachaux & Niestlé, 1936.

_____. *L'équilibration des structures cognitives.* Paris, Presses Universitaires de France, 1975.

_____. *Le possible et le nécessaire.* V. 1 e 2. Paris, Presses Universitaires de France, 1983.

PIAGET, Jean et alii. *Morphismes et catégories.* . Neuchâtel Delachaux et Niestlé, 1990.

Para uma aplicação pedagógica da obra de Piaget[1]

A contribuição de Piaget para a educação é de um valor indiscutível porque, ao longo de sessenta anos de pesquisa e construção teórica, ele e seus colaboradores produziram uma extensa obra sobre o desenvolvimento da criança. Para muitas pessoas, é este justamente o objetivo maior da educação: promover o desenvolvimento da criança. A criança e seu desenvolvimento são, ainda que por razões diversas, o que há de mais comum entre Piaget e a educação. É às semelhanças e diferenças entre o trabalho de Piaget e educação que procurarei dar ênfase neste trabalho e assim, quem sabe, indicar porque a aplicação de Piaget à prática pedagógica não é imediata e constitui uma tarefa bastante complexa, ainda que compensadora. Levarei em conta aqui apenas duas das grandes diferenças entre os objetivos de Piaget e os da educação. A primeira refere-se ao modo como valorizam o desenvolvimento da criança. A segunda, como uma consequência da primeira, refere-se à ênfase teórica da obra de Piaget, comparada à ênfase prática do trabalho da educação.

---

[1] Publicado in: *Cadernos de Pesquisa*. São Paulo, nº 61, pp.68-71, 1987.

O desenvolvimento da criança nas perspectivas de Piaget e da educação

A maior parte do trabalho experimental de Piaget foi feito com crianças de até 14 ou 15 anos, mormente com aquelas entre 4 e 12 anos. Para isso Piaget (1926/1947) desenvolveu um método, que ele chamou de "clínico", em que a observação, a experimentação e a entrevista, com questões abertas, eram consideradas simultaneamente, permitindo ao pesquisador descrever os modos de pensar da criança sobre um número muito grande de questões. A descrição, tal como Piaget a faz, é muito peculiar: consiste em indicar os níveis sucessivamente necessários para que se passe de uma interação mais simples a uma radicalmente mais complexa, sobre um dado problema. Em outras palavras, o esforço descritivo de Piaget consiste em demonstrar as fases necessárias de um percurso, até se alcançar uma mudança nos modos de a criança interagir com uma dada situação. Para ilustrar a análise genética feita por Piaget, apenas lembrarei, de forma muito resumida, a prova clássica, usada por ele para verificar se a criança tem noção de conservação de líquidos (Piaget & Szeminska, 1941/1975). Nessa prova, apresenta-se à criança dois recipientes iguais contendo a mesma quantidade de líquido. Em seguida, transvasa-se o líquido de um dos recipientes para outro, por exemplo, mais baixo e largo, perguntando-se à criança se ela ainda acredita que há a mesma quantidade de líquido nos dois recipientes e pedindo a ela para justificar sua resposta. Numa situação como essa, Piaget procura ordenar os diferentes níveis de respostas ao problema proposto, justificando, em termos do desenvolvimento da criança, a hierarquia encontrada. Assim, no Estádio I, ou de não conservação, classificam-se as crianças que confundem a quantidade de líquido com a forma dos recipientes, que os contêm e, por isso mesmo, tendo admitido na situação inicial que havia igual quantidade nos dois recipientes, pensam, em seguida, que já não há mais a mesma quantidade, pois agora eles têm forma diferente e que, por exemplo, o recipiente mais largo e baixo tem mais líquido do que o outro. No Estádio II, ou intermediário, classificam-se as crianças cujas respostas oscilam, isto é, que, dependendo das condições, afirmam ou negam a conservação da quantidade de líquido. Quando, por exemplo, o líquido é transvasado para o recipiente mais baixo e largo afirmam a conservação, mas se ele for distribuído em seis pequenos recipientes, negam-na. No Estádio III, ou de conservação, classificam-se as crianças que compreendem, em todas as condições, que a quantidade de líquido se conserva porque "não se tirou nem pôs nada" ou que "há o mesmo tanto porque se um copo é baixo e largo o outro é alto e fino".

Espero que, com o exemplo acima, tenha ficado clara minha afirmação de que a descrição de Piaget caracterizou-se pela indicação dos diferentes níveis de um percurso sobre uma dada noção; percurso este que parte de uma visão mais simples para alcançar outra mais complexa e radical, em que se inverte a posição da criança diante do problema proposto. No exemplo citado, podem-se acompanhar as modificações do pensamento da criança desde um nível de *não conservação*, em que quantidade de líquido e forma do recipiente se confundem, até um nível de *conservação* em que essas suas variáveis são consideradas independentes uma da outra, pois a mudança de uma nada acarreta na outra. Isso indica, também, que em sua pesquisa Piaget não busca descrever modos diferentes de reação da criança ante um determinado problema, mas sim o caminho necessário para se chegar a uma melhor análise das relações em jogo.

A descrição de cada um dos níveis de desenvolvimento é ilustrada por respostas típicas, apresentadas pelos sujeitos classificados neste ou naquele nível. Tem-se, assim, um inventário completo de como a criança passa de um nível ao seguinte, e a razão dos diferentes níveis na construção daquela noção.

Dentro da perspectiva delineada acima, Piaget e seus colaboradores, no período compreendido entre 1920 e 1980, realizaram centenas de pesquisas, buscando descrever os diferentes níveis de desenvolvimento da criança, sobre um número muito grande de noções relacionadas a temas como: inteligência, percepção, memória, representação, julgamento moral e processos de socialização, imagem mental, pensamento operatório (ou lógico), linguagem, construção do real, isto é, do objeto, espaço, causalidade e tempo (Fondation Archives Jean Piaget, 1989).

Além dos trabalhos mencionados acima, Piaget e seus colaboradores realizaram ainda um número muito grande de pesquisas relacionadas aos processos que estão presentes e determinam a passagem de um nível ao seguinte; é o caso, por exemplo, de seus estudos sobre tomada de consciência, fazer e compreender, abstração, contradição, generalização, causalidade e operações (Fondation Archives Jean Piaget, 1989).

Em todas essas pesquisas sobre o desenvolvimento da criança, Piaget estava interessado em descrever os diferentes níveis hierárquicos presentes na construção das diferentes noções relativas aos aspectos já citados. Em suas pesquisas, o interesse fundamental era de natureza epistemológica e não psicológica ou pedagógica. Pretendia ele, com base em dados experimentais, recuperar a gênese das noções e os diferentes modos de sua estruturação cognitiva, desde um nível mais simples até um mais complexo. Assim, o interesse fundamental de Piaget foi o problema do conhecimento e de sua construção, resultante das interações da criança com objetos ou pessoas.

Ora, o interesse da educação é bem outro. Ela ocupa-se muito mais em promover o desenvolvimento da criança. Em outras palavras, se o propósito de Piaget é a descrição dos níveis de desenvolvimento de uma noção na criança e, com isso, a recuperação dos processos que estão presentes na construção do conhecimento, o propósito da educação é retirar a criança de seu estado atual e conduzi-la, tão sistematicamente quanto possível, para um estado diferente. Se a criança é analfabeta, a escola cuida de torná-la alfabetizada. Se a criança não sabe fazer contas, a escola cuida de ensinar-lhe regras de cálculo. Em uma palavra, a escola, qualquer que seja seu método, está interessada no aprendizado da criança como um resultado de sua ação sobre ela.

Em resumo, ainda que Piaget e a escola tenham um interesse comum pelo desenvolvimento da criança, seguem orientações diferentes. Piaget tem um interesse epistemológico e teórico; por isso lhe basta descrever, tão detalhadamente quanto possível, os níveis de desenvolvimento. A escola tem um propósito prático; por isso interessa-lhe o aprendizado da criança, ou seja, os resultados de sua prática pedagógica.

A ênfase teórica da obra de Piaget comparada à ênfase prática da escola

Para esclarecer minha suposição de que a obra de Piaget tem uma ênfase teórica, enquanto que o trabalho da escola tem uma ênfase prática, farei algumas considerações sobre teoria e prática.

A teoria orienta-se para o geral, para o abstrato, para aquilo que, em condições iguais, aplica-se a um objeto qualquer, pertencente ao contexto a que se refere. Por isso mesmo a teoria tem uma função explicativa, isto é, por intermédio dela o pesquisador tenta compreender, pela construção de coordenações muito gerais, as relações que estão sendo estudadas e o todo, no qual se inserem e ganham significação. O objetivo do pesquisador, enquanto teórico, é assimilar os objetivos de seu conhecimento no que têm de mais comum entre si. Na teoria busca-se a compreensão ou a explicação do que é objeto de estudo.

A prática orienta-se para o particular, para o singular, para o caso único, seja ele uma criança, uma classe ou uma escola. Assim, quando se procura ensinar uma criança a ler e escrever há de se considerar, querendo ou não, suas características particulares; por exemplo, o significado que isso tem para ela e para o grupo social a que pertence, seu modo de aprender novas coisas, seu conhecimento anterior sobre leitura e escrita.

Em resumo, na abordagem prática é o geral que se subordina ao particular. Por outro lado, ainda que isto pareça contraditório, uma teoria é sempre particular a uma determinada área do conhecimento (qualquer que seja sua extensão), enquanto que uma prática é sempre geral, na medida em que afeta o todo que está sendo objeto dela. Com isso quero dizer que teoricamente é possível, e mesmo necessário, isolar, por exemplo, os aspectos sociais, afetivos, cognitivos da criança, estudando-se mais profundamente um deles. Na situação prática esses aspectos estão simultaneamente presentes e determinam, mesmo que não tenhamos consciência disso, os efeitos de nossa ação. É claro que também na prática e em circunstâncias normais, o professor cuida mais, num dado momento, de um aspecto (por exemplo, o cognitivo, quando há aulas de matemática) do que do outro. Mas esse destaque é apenas circunstancial, pois os outros aspectos (afetivo, social etc.) estão presentes e têm uma influência atual, implícita ou explícita.

A aplicação pedagógica da obra de Piaget

A análise comparativa das semelhanças e diferenças entre dois aspectos dos objetivos de Piaget e dos objetivos da escola foi feita até aqui com o propósito de dar sentido, talvez, à minha suposição de que a aplicação pedagógica da obra de Piaget requer cuidados, muitas vezes por nós ignorados. Essa aplicação não é direta e implica uma mudança de referencial.

A necessidade de transformação, quando se busca a aplicação pedagógica da obra de Piaget, é inevitável considerando-se os aspectos já mencionados: seu objetivo é teórico e, por isso mesmo, sua pesquisa sobre o desenvolvimento da criança é apenas descritiva. A escola tem um objetivo prático e, por isso mesmo, interessa-se predominantemente pelo aprendizado da criança. Aplicar a obra de Piaget à escola é, como tentei mostrar, dar-lhe uma orientação oposta. E se isso é possível e desejável, implica uma transformação radical, para a qual precisamos nos preparar.

Ocorre que transformação supõe, simultaneamente, um elemento de permanência ou invariância. Ao se aplicar pedagogicamente a obra de Piaget, há de se cuidar para que os pressupostos fundamentais de sua teoria sejam preservados; caso contrário, o trabalho não mais poderá ser identificado como sendo apoiado em Piaget. Isso ocorre todas as vezes em que uma análise cuidadosa indicar que, ao se tentar transformar a teoria de Piaget em uma prática pedagógica, aquilo que deveria ser inalterado nessa transformação foi arrastado por ela e completamente deformado. Se for assim, tem-se uma aparência ou ilusão de que a prática é baseada em Piaget, mas dele não tem mais nada, apesar das boas intenções.

Para indicar uma vez mais esse aspecto de transformação e permanência, necessário à aplicação pedagógica da obra de Piaget, lembraria, quanto à transformação, nossa decepção por não encontrar em seus livros, principalmente os de pesquisa, algo que tenha uma relação direta com o trabalho da escola, apesar da pertinência do assunto tratado (por exemplo, noção do número). Assim, alguns professores consideram que estudar Piaget, além de ser extremamente difícil, pela complexidade teórica de sua obra, é, muitas vezes, "chato" porque muito minucioso e articulado com questões teóricas, que escapam totalmente de sua prática pedagógica. O fato é que Piaget nunca formulou para si certas questões de interesse exclusivamente prático, o que não significa que não se possam encontrar em sua obra, como já mencionado, ainda que superficialmente, subsídios fundamentais à escola. Já o aspecto de permanência é uma preocupação presente em muitos autores e professores. Mas não basta desejar a realização desta dupla exigência: permanência e transformação; há de se analisar, caso a caso, se suas condições estão sendo cumpridas e de que modo.

Dadas as considerações acima, reservei como contribuição final deste texto algum comentário sobre modos de aplicar a obra de Piaget na prática pedagógica. O modo mais interessante refere-se ao esforço incessante de, na escola, se movimentar nas duas direções – teoria e prática – diferenciando-as e integrando-as até onde for possível. Nesse sentido, é fundamental o estudo da obra de Piaget ou de parte dela, tal como ele a desenvolveu. Por outro lado, não basta esse estudo. É necessária uma constante pesquisa voltada para as possibilidades de aplicação de sua obra, com uma análise do modo concreto e particular de como essa aplicação está sendo feita. Em outras palavras, não se deve confundir a teoria com a prática, mas coordená-las entre si, preservando seus pontos comuns e suas diferenças. Por isso, defendo para a aplicação pedagógica da obra de Piaget o mesmo caminho percorrido na formação profissional de outras áreas: o estudo da teoria, que serve de base ou fundamento para a prática e a discussão da prática, tão profundamente quanto possível, de maneira que esses aspectos sejam coordenados entre si.

A forma aparentemente mais fácil e direta de tornar uma escola "piagetiana" é adotar um texto em que o autor resume as ideias de Piaget e indica um conjunto de tarefas pedagógicas nele baseadas. Reconheço a utilidade provisória de um material como esse: desperta interesse, sugere ou abrevia caminhos e dá pistas ao iniciante. Mas, o risco desse tipo de solução é prometer algo impossível: que um autor didático, ainda que preparado, possa prever ou determinar todas as circunstâncias de uma ação prática, como, por exemplo, a de um professor ensinando matemática e considerando como seus alunos reagem à proposta. De resto, se fosse possível prever ou controlar esse tipo de situação, essa posição não seria baseada em Piaget, que defende a interação como fonte de conhecimento. Na interação, professor e aluno, para ficar no exemplo, são partes que se estruturam enquanto todo apenas no momento da interação. Naturalmente, são partes com uma história prévia, que influencia a interação. Por isso, não há receitas prontas, que garantam uma boa aplicação pedagógica da obra de Piaget e, caso se queira uma, eu indicaria a do estudo da teoria, da pesquisa e da discussão da prática tentando-se, por tê-las diferenciado, coordená-las num todo em que não há mais teoria e prática, mas uma ação pedagógica cada vez mais condizente com uma certa fundamentação e coerente com aquilo que a caracteriza.

Considerações finais

Como considerações finais, julgo interessante retomar os principais aspectos desenvolvidos neste trabalho. Em primeiro lugar, sugeri a importância de uma análise entre a obra de Piaget e a prática escolar, destacando semelhanças e diferenças. Quanto às diferenças, mencionamos que Piaget é um epistemólogo, que se preocupa em descrever os passos necessários à construção do conhecimento; por isso interessa-se pela criança. Já a escola é uma instituição que procura apresentar à criança um "saber sistematizado", retirando-a de sua ignorância ou confusão inicial. Por isso mesmo, Piaget estudou a criança com uma ênfase teórica (interessou-se pelo sujeito epistêmico), enquanto a escola valoriza a criança com uma ênfase prática (interessa-se pelo sujeito psicológico). Nesse sentido, ambos seguem orientações opostas. Quanto às semelhanças, analisamos como essas orientações podem se tornar convergentes e complementares. Convergentes, porque a criança e seu desenvolvimento são uma preocupação comum na obra de Piaget e no trabalho da escola. Complementares, porque, em ambas, teoria e prática podem coordenar-se e tornar-se partes de um mesmo contínuo.

Em segundo lugar, ponderei que a aplicação pedagógica da obra de Piaget supõe, simultaneamente, uma transformação e uma permanência. Transformação para que sua obra se torne pedagogicamente aplicável, e permanência para que seus princípios (sua posição epistemológica) se mantenham inalteráveis durante as transformações.

Por último, comentei que a aplicação pedagógica da obra de Piaget supõe o estudo, a pesquisa e a crítica constantes do professor, visando reconstruir, comparar e refletir sobre sua prática, articulada com os pressupostos epistemológicos e as descobertas empíricas de Piaget; corrigindo, mantendo ou acrescentando os aspectos que, nesse esforço consciente de coordenação, fizerem-se necessários.

Tomar de empréstimo obras que resumam a teoria de Piaget, ou que indiquem tarefas prontas para serem executadas, provisoriamente traz alguma ajuda. Mas, cedo ou tarde, se terá de enfrentar o caráter único da prática pedagógica, uma vez que esta resulta de uma interação professor-aluno, cuja qualidade e riqueza não podem ser programadas na véspera, nem facilitadas por um manual, apesar de suas promessas.

Referências bibliográficas

PIAGET, Jean (1926). *La représentation du monde chez l'enfant.* Paris, Presses Universitaires de France, 1947 (nova edição).

PIAGET, Jean & SZEMINSKA, Aline (1941). *A gênese do número na criança.* Trad. Christiano Monteiro Oiticica. Rio de Janeiro, Zahar, 1975.

FONDATION ARCHIVES JEAN PIAGET. *Bibliographie Jean Piaget.* Genebra, Fondation Archives Jean Piaget, 1989.

Para a formação de professores em uma perspectiva construtivista[1]

7

A formação de professores é sempre fundamental porque corresponde a um dos eixos básicos da tarefa escolar, que é formar ou instrumentalizar os futuros cidadãos de uma sociedade. Cidadãos, em princípio, comprometidos com os valores de sua cultura, com os saberes acumulados e, ao mesmo tempo, cidadãos atualizados com técnicas e problemas, em função de projetos pessoais e coletivos. Essa necessidade de formação é importante, uma vez que processar informações, ou seja, produzir conhecimento está se tornando o projeto mais importante atualmente.

Suponho que uma educação comprometida com um projeto de qualificação de pessoas produtoras de conhecimento necessita coordenar diferentes pontos de vista. Assim sendo, o momento atual da educação coincide com o que é, para mim, a mais importante característica da Epistemologia Construtivista de Piaget: a coordenação de distintos pontos de vista seja em uma perspectiva teórica, seja em uma perspectiva prática. Seguindo a proposta de

---

[1]. Trabalho apresentado no "Sexto Encuentros Educar: La educación frente al desarrollo económico, la globalización y la productividad" em novembro de 1993. Guadalajara, Secretaria de Educação, Governo de Jalisco, México, Publicado em *Memória: Sexto Encuentros Educar*. Guadalajara, novembro, pp. 46-53, 1993.

Piaget (1967), vou analisar, de forma resumida, a importância que ele dá às coordenações entre sujeito e objeto por um lado, e entre estrutura e gênese por outro.

Estrutura e gênese

Estrutura e gênese correspondem a duas formas básicas de organização de um sistema qualquer. A estrutura corresponde ao que é repetível e, por isso, antecipável ou cognoscível em um sistema. A estrutura tem função constituinte de objetos (teoria, texto, obra de arte, imagem) ou sujeitos (raciocínios, esquemas de ação). A estrutura contém as leis de composição de um sistema. A estrutura é autorregulada, dinâmica e fonte de transformações; ela é o necessário em um sistema. Por isso, define os limites deste.

Os professores convivem com a questão estrutural no cotidiano da sala de aula. De um lado, estão comprometidos com coordenadores relativos ao plano do objeto: noções, conteúdos das matérias escolares (conceitos a serem ensinados) ou hábitos sociais. De outro lado, estão comprometidos com coordenadores relativos ao plano do sujeito: características das ações, da personalidade, valores etc., de seus alunos.

A gênese é a outra forma básica de organização de um sistema. Ela corresponde às contingências, às circunstâncias, a tudo que modifica e que é um produto combinatório, cuja expressão é sempre singular. A gênese é a história, o que sob certas condições ganhou ou gerou vida. É certo que aos dias sucedem-se as noites, ao inverno o verão etc. (plano estrutural), mas todos os dias são muito diferentes entre si. Do mesmo modo, não há uma noite como a outra; não há, nesse sentido, dois fios de cabelo ou duas folhas de árvores que sejam iguais entre si. Uma reunião ou uma festa, ainda que seja planejada da melhor maneira, sempre terá algo que só se define no momento de sua realização, nas circunstâncias atuais, pelas relações presentes.

A solução cognitiva para a estrutura é a cópia, a correspondência, poder imaginar ou intuir o todo, poder abstrair ou deduzir as leis do sistema. É o aperfeiçoamento até que se possa chegar a dominar ou interpretar a alma do objeto cognoscível. É a construção do objeto por intermédio das correspondências entre o que alguém faz e o que o objeto é.

A solução cognitiva para a gênese é a formação de bons hábitos, que fixam as contingências e que, de maneira arbitrária, mas justificável, controlam o que de outro modo, muito provavelmente, não seria assim. De um ponto de vista construtivista, é a construção de relações, por via dedutiva ou experimental, que torna cognoscíveis, e por isso antecipáveis, as variações de um sistema.

Estrutura e gênese têm uma função "teórica", no sentido de que, como organizações de um sistema, dão respostas a estas quatro perguntas fundamentais: "o que é?" "por quê?" "como?" e "para quê?" As respostas às duas primeiras, ainda que provisórias, no sentido individual ou coletivo, têm uma função estruturante, enquanto as respostas às duas últimas têm uma função genética. Umas dão compreensão, outras geram ação. E todas estruturam ou geram coisas, tanto na perspectiva do objeto, quanto na perspectiva do sujeito.

Objeto e sujeito

Objeto e sujeito têm uma função "prática", no sentido de que, em qualquer sistema, há sujeitos (agentes) e objetos (produtos das ações dos sujeitos ou de objetos que as possibilitam). Objetos e sujeitos são recortes espaço-temporais que definem momentos ou formas relativas de interação. Escrever é a atividade de um sujeito. O texto é o objeto dessa atividade, é seu produto. Mas, para escrever, são necessários objetos – uma folha branca de papel, uma caneta (ou um computador). Mas, o escrito, em sua fase de produção, "faz exigências ao escritor". A estrutura de uma narrativa, por exemplo, é conhecida e definida teoricamente pelos linguistas ou pelos especialistas em semiótica. Por isso, as estruturas semânticas, gramaticais etc., de um texto pertencem a ele. Pertencem aos seus coordenadores, como objetos. A coesão e a coerência entre as partes de um texto são exigências que "ele" faz a seu escritor ou a seu leitor. Mas, as estruturas cognitivas, os princípios de aprendizagem, as características da personalidade, as motivações pessoais ou culturais são do escritor. No caso da escola, o professor faz a ponte entre o texto e seu produtor (o aluno), coordenando-os. É ele que faz a mediação, transforma os conceitos científicos em noções, conteúdos e imagens assimiláveis pelas crianças, levando em conta os limites de suas possibilidades cognitivas. Por outro lado, os professores trabalham para que as crianças entrem em contato com suas próprias hipóteses, com suas formas de fazer e compreender as coisas. Mais que isso, problematizam essas formas, sistematizam os conhecimentos das crianças, trabalham para que elas entrem em contato com suas contradições, para que, pouco a pouco, por coordenação recíproca desses pontos de vista, apreciem e conheçam as soluções culturais ou científicas, construídas coletivamente a respeito desses temas.

As ações do sujeito no plano estrutural implicam analisar, descrever, estabelecer correspondências, criar imagens ou configurar algo como um objeto. Além disso, implicam abstrair sua lógica ou necessidade. As ações do sujeito no plano genético definem as condições que transformam uma coisa em outra e criam as condições para que algo seja possível em um sistema. Marcam os limites de suas possibilidades, definem a diversidade ou a extensão do que pode ser, ou não, em um sistema. Pela força de suas significações, por seu poder de atribuição de significados, as ações genéticas possibilitam a explicação do que se está tratando de conhecer. As ações do sujeito no plano genético ou estrutural são complementares.

Há momentos na escola ou na sociedade em que estrutura e gênese ou sujeito e objeto não são articulados entre si, nem são tratados de forma complementar. Além disso, não são tratados de forma indissociável, ou seja, em que um termo é operado em função do outro e vice-versa. A consequência disso é que um termo é reduzido ao outro (só valem as considerações genéticas ou causais, por exemplo). Por isso, na escola, costuma ocorrer muitas vezes que, na explicação dos conteúdos, o ponto de vista dos alunos e seu saber não têm lugar; outras vezes sucede o contrário, quando só se considera o que os alunos pensam ou fazem.

Além das reduções acima mencionadas, observam-se também justaposições e sincretismos entre os diferentes aspectos do quaterno: estrutura e gênese/sujeito e objeto que estamos analisando.

Sincretismos, porque os observáveis e as coordenações do sujeito e os observáveis e as coordenações do objeto estão confundidos entre si, sem que se possa saber que parte pertence a cada um deles. Justaposições, porque os observáveis e coordenadores do sujeito e os observáveis e coordenadores do objeto não se assimilam reciprocamente, ou seja, operam em paralelo, como se caminhassem lado a lado.

Sobre a formação docente

Voltemos às considerações iniciais. Estamos em um tempo em que o produto da educação (poder processar informação) está valorizado. Hoje, a expectativa sobre os resultados do trabalho exercido pelos professores é grande. Diante desse quadro, acredito que a proposta construtivista possa ser bastante útil.

Para Piaget (1970) a formação de professores é longa e complexa. Nesse processo, julgo fundamentais quatro pontos. Primeiro: é importante para o professor tomar consciência do que faz ou pensa a respeito de sua prática pedagógica. Segundo: ter uma visão crítica das atividades e procedimentos na sala de aula e dos valores culturais de sua função docente. Terceiro: adotar uma postura de pesquisador e não apenas de transmissor. Quarto: ter um melhor conhecimento dos conteúdos escolares e das características do desenvolvimento e aprendizagem de seus alunos.

Por mais que um professor faça cursos e fundamente sua prática pedagógica, a tendência é ficar dominado pelos problemas práticos e pelo dia-a-dia, difícil e envolvente, da sala de aula. A superação dessa tendência pelo professor é importante e não é fácil porque supõe a tematização de seu cotidiano, o que implica torná-lo público, sistematizar a metodologia, compartilhar com colegas os problemas que enfrenta, discutir temas recorrentes em educação: avaliação, seriação escolar, disciplina em sala de aula, livro didático, cópia, exercício, explicação dos conteúdos, motivação dos alunos.

O professor, que em sua sala de aula sabe, tão bem, fazer falarem seus alunos, que sabe escutá-los e promover argumentações de diversos tipos, que é capaz de promover hipóteses e teorias infantis, quando está em uma reunião docente, não sabe falar de sua prática (mesmo quando tem espaço), preferindo escutar os especialistas e conhecer novas técnicas. Como fazer esse professor falar, tematizar sua prática, dar conteúdo às suas formas de trabalhar em sala de aula? Como permitir-lhe uma discussão sobre suas dificuldades ou tomar consciência dos aspectos positivos ou negativos de seu trabalho? De que modo fazê-lo valorizar sua prática, mas também criticá-la ou aperfeiçoá-la? Nesse contexto, é muito importante a descrição, a discussão, os registros, a interação entre professores. É importante que os professores tenham regularmente um tempo, fora da sala de aula, e em um contexto em que se sintam bem, para falarem sobre seu trabalho, para darem voz ao seu cotidiano escolar. Também é importante que os professores critiquem, para que possam rever suas práticas, substituindo-as por outras melhor fundamentadas e que resultem mais eficazes para os fins educacionais a que se propõem. Mais que isso, para que possam saber se suas decisões educacionais estão de acordo com os projetos políticos e culturais de seu país, que se comprometeram desenvolver em suas aulas.

A adoção de uma perspectiva experimental (não apenas de transmissão) é muito importante no construtivismo de Piaget. Conforme essa posição, o professor deve ser um investigador. Investigador, porque comprometido com um conhecimento de técnicas pedagógicas, com um domínio de conteúdos escolares e com a experiência acumulada em seu trabalho docente. Além disso, porque deve considerar algo que não está nos livros, que ele não pode conhecer de antemão, uma vez que se trata do saber de seus alunos, das hipóteses, das relações que fazem, do sentido que o estudo e a escola têm para eles.

A postura do professor construtivista é experimental porque se trata de dar aulas como um projeto de trabalho, em que os conhecimentos são aprofundados e ampliados, em que se aperfeiçoam as formas anteriores de ensinar. Experimental porque há um espírito de novidade, de criatividade, de ir mais a fundo, porque há interesse, gozo na produção do conhecimento; mas, ao mesmo tempo, há sistematização, há transmissão, há compromisso com o que se sabe sobre os conteúdos, há conservação das experiências passadas. Ou seja, o espírito experimental do professor é seu compromisso com o futuro, no presente da sala de aula. O espírito transmissivo, igualmente, é seu compromisso com o passado no presente, com as coisas que não se podem esquecer. E isso o leva à necessidade contínua de um melhor conhecimento, ou uma constante atualização com respeito aos conteúdos escolares, junto com uma correspondente consideração das características do desenvolvimento e da aprendizagem de seus alunos. E, além disso tudo, pode-se acrescentar mais uma outra necessidade: coordenar todos esses pontos de vista com uma educação comprometida com a cidadania das crianças.

Considerações finais

Coordenar pontos de vista, em uma perspectiva construtivista, supõe modificar o eixo de análise, descentrando a posição atual. Modificar o eixo significa tratar o sujeito como objeto do conhecimento (por isso valorizar seus processos de construção e levar em conta as formas dos conteúdos de suas ações) e tratar o objeto como sujeito (desmontá-lo para analisar suas formas segundo os conteúdos das ações das crianças). A descentração significa tratar as estruturas por sua gênese (por isso os níveis sucessivos de desenvolvimento na psicogênese das crianças, como na história das ciências) e, ao mesmo tempo, tratar a gênese por suas estruturas (por isso os distintos mecanismos de assimilação, que se repetem em cada etapa do desenvolvimento).

O mesmo se pede agora aos professores: que valorizem, no espaço ou nas condições específicas de sua prática pedagógica, os aspectos gerais da educação em relação a seus compromissos atuais com a cultura, política e economia. Ou seja, que vejam sua prática desde essa perspectiva, conservando seus antigos compromissos pedagógicos e os antigos valores (com seu passado e com suas tradições), mas que estejam abertos para um futuro que lhes "pede" que saiam de sua casa, dialoguem com o mundo, modifiquem formas de resolver problemas e que nisto sejam tão radicais quanto possível. Por fim, que se tornem livres para todas as possibilidades de promover esse encontro e caminhar em busca deste ponto que sempre caracterizou seu trabalho docente: o desenvolvimento de seus alunos.

Referências bibliográficas

PIAGET, Jean. Les courants de l'épistémologie scientifique contemporaine. In: ___, dir. *Logique et connaissance scientifique*. Paris, Gallimard, 1967. pp. 1225-1271.

_____. *Psicologia e pedagogia*. Trad. Dirceu Accioly Lindoso & Rosa Maria Ribeiro da Silva. Rio de Janeiro, Forense, 1970.

Para uma visão construtivista do erro no contexto escolar[1]

8

Para esta reflexão sobre o erro no contexto escolar, a teoria de Piaget será minha referência principal.

Quando se trata da questão do erro, uma tomada de posição é fundamental, tanto na escola quanto em nossa vida pessoal. Em ambos, ele acontece praticamente em todos os momentos. Além disso, mobiliza esquemas antigos e básicos dentro de nós. Pertencemos a uma sociedade marcada pela culpa, pelo pecado e pela necessidade de expiá-los. E mesmo que possa parecer paradoxal, somos uma sociedade também caracterizada pela complacência diante do erro. Ou seja, de um lado, excesso de rigor e culpa; de outro, generosidade. Na escola, por exemplo, os professores exigem que as crianças leiam bem, leiam "direito". No entanto, em um contexto informal, somos muito

---

[1] Este texto é uma versão da palestra "Implicações de uma visão construtivista para o reexame da pedagogia da alfabetização", feita no Colégio Galileu Galilei, São Paulo, em 16 de setembro de 1989. A palestra foi transcrita por Carmen Sílvia de Carvalho, a quem o autor agradece. O texto foi divulgado pela CENP (Coordenadoria de Estudos e Normas Pedagógicas), Secretaria de Estado da Educação, Governo do Estado de São Paulo, em duas publicações, organizadas por Cleusa de Toledo Aguiar: *Proposta Curricular de Psicologia para o Ensino de Segundo Grau* (1990, pp. 75-84) e *Coletânea de Textos de Psicologia*, Volume I, *Psicologia da Educação* (1990, pp. 345-362).

permissivos com um falar e escrever bem. Alguém que fale muito "certinho", com todos os "esses" e "erres" é, muitas vezes, considerado esnobe ou formal. Eu diria que nossa cultura é muito marcada pelo coloquial, pela gíria.

O construtivismo de Piaget (1967) encaminha-nos para uma posição em que o erro, como oposição ao acerto, deve ser revisto ou interpretado de outro modo. Para essa teoria do desenvolvimento da criança, a questão é a de invenção e descoberta e não necessariamente de acerto ou erro como considera, muitas vezes, uma visão formal ou do adulto. Aquilo que é errado em um contexto, pode estar certo em outro. Todos nós erramos algumas vezes, ou seja, pensamos ou agimos de um modo que um dia terá, talvez, que ser revisto. No processo de desenvolvimento, o que interessa é uma revisão constante de nossas teorias, ideias, pensamentos ou ações, porque erro e acerto são sempre relativos a um problema ou sistema. Nesse ponto de vista, os acontecimentos não são colocados em termos de "tudo ou nada". É claro que, no plano do fazer, isso é inevitável, mas no plano do compreender pode-se pensar de outro modo. E o compreender, como quer Piaget (1974/1978), pouco a pouco interfere no fazer, no sentido de que se faz porque se compreende.

Neste trabalho, a questão do erro no contexto escolar será desenvolvida de dois modos: uma formal ou "do adulto" e uma natural ou "da criança". Adulto e criança serão aqui tomados no sentido metafórico. Aquele está também em processo de desenvolvimento e pode operar a questão do erro da forma comparável à da criança. Esta, igualmente, às vezes opera o erro como se fosse um adulto, porque já teve incorporada à sua visão de mundo uma mentalidade cujo reexame estamos aqui propondo. Assim, quando eu me referir a adulto e criança será – volto a dizer – como metáfora e não como algo específico de adultos e crianças reais.

A questão do erro em uma perspectiva formal ou de adulto

Em um nível formal, isto é, adulto, o errado se opõe ao certo, que é valorizado como verdadeiro ou bom.

Vejamos a situação do professor: um de seus compromissos pedagógicos é de natureza científica. Por exemplo, se é professor de matemática, seu compromisso será com a verdade das matemáticas; se é professor de português, estará comprometido com tudo aquilo que a linguística, a semiótica e a gramática etc., considerem verdadeiro e certo. Esse professor, então, estará comprometido com a divulgação daquilo que é julgado correto. Mas se confrontará o tempo todo com o erro que a criança faz, que nós fazemos. Ora, ensinar o verdadeiro, o certo, é um compromisso social, político e pedagógico do professor. Tanto assim que, quando ele supõe não estar ensinando o certo, sente-se mal.

Um outro item discutível, no nível formal, é a questão da avaliação reduzida à sua fase "terminal". Temos um sistema educacional que se baseia em uma avaliação do desempenho escolar da criança por meio da atribuição de notas (entre zero e dez) ou conceitos (entre A e E). Estes indicam o aproveitamento escolar da criança. Trata-se de um resultado que, além de condensar todo um processo, determina o futuro da criança. Por intermédio dele, ela será promovida ou não.

Eu diria que o compromisso educacional dos professores circula por três exigências, e que a questão do certo ou do errado comparece em todas elas. Mas, em direções diferentes e conflitantes entre si, se não forem integradas. Uma delas, já mencionei: pede-se ao professor que esteja comprometido com a área, com o conteúdo escolar que está ensinando. Que saiba português, matemática etc.; em síntese, que domine o conteúdo dessas áreas. Ao mesmo tempo, pede-se que o professor tenha em conta as características psicológicas da criança, seu nível de desenvolvimento, suas dificuldades emocionais, sua condição social. Igualmente, pede-se que o professor transmita os conhecimentos de uma forma metodologicamente correta.

Os compromissos científicos, psicológicos e didáticos do professor, ainda que solidários, isto é, não isoláveis entre si no ato pedagógico, têm sua especificidade ou autonomia. Em outras palavras, a ciência espera do professor uma transmissão correta e atualizada dos conhecimentos que produz. A psicologia espera que se tenha em conta, igualmente, as características da criança e seus modos de pensar. A didática, da mesma forma, requer do professor uma aplicação correta de seus métodos. Ora, a questão é coordenar esses três compromissos – haveria outros – de uma forma específica, com suas leis, exigências e valores. E, igualmente, não esquecer o plano da integração, da solidariedade ou reciprocidade entre os compromissos científicos, psicológicos e didáticos. Ora, essa articulação, necessária ao ato pedagógico, fica mais viável se houver uma visão relativista do erro e do acerto. Por isso, o ensino é uma arte ou construção, cuja realização plena só pode ser pensada como ponto de chegada, nunca de partida.

Consideremos agora os objetos físicos e naturais como metáforas, para pensarmos naquilo que fazemos com objetos sociais, ou construídos pela cultura, como, por exemplo, a língua, a matemática, as ciências. Como são os objetos físicos ou naturais? Se são quentes, apresentam-se assim para a criança; se são pesados, "agem pesadamente"; se rugosos, "agem rugosamente"; ou seja, quando a criança interage com o objeto, deve se acomodar àquilo que ele é. Não que o objeto seja "ruim", "maldoso", ou não goste das crianças ou das pessoas que o manipulam. Não! Mesmo que pensemos assim (quando nosso carro apresenta um problema mecânico, por exemplo), o objeto atua conforme sua condição atual. É a isso que a criança tem que se ajustar, reformulando seus esquemas de ação. Ora, há uma ideia de que os objetos sociais ou artificiais têm plasticidade, benevolência e complacência quase infinitas. Acreditamos que é possível oferecer um objeto cultural, subordinável ou redutível àquilo que pensamos que a criança é. A produção de cartilhas pode ser um exemplo disso, seja na perspectiva da criança, seja na da técnica de alfabetização.

A produção de cartilhas chegou a um tal reducionismo, ou simplificação que, para ensinar famílias silábicas, por exemplo, autores criaram frases que seriam totalmente absurdas em nossa realidade. A esse respeito, Bettelheim & Zelan (1987) comentam que o vocabulário das crianças nos Estados Unidos chega a ser superior ao apresentado em algumas cartilhas.

Penso que o reducionismo pedagógico tem a ver com duas mentalidades, muito fortes e antigas. Nossa civilização é ao mesmo tempo muito marcada pelo pré-formismo e pelo empirismo.

O pré-formismo corresponde à ideia de que o conhecimento expressa-se por revelação. De que existe algo perfeito, bom, dentro de nós ou em algum lugar, e que, sob certos limites ou circunstâncias, pode revelar-se. Pensando na metáfora da biologia: na menina existe uma mulher, que vai menstruar, ter filhos; e essa mulher se revelará em um determinado momento.

Por outro lado, nossa civilização é também muito marcada pela ideia de transmissão, feita pela experiência e linguagem. São as duas marcas de nossa herança grega: revelação, defendida por Platão, e transmissão, defendida por Aristóteles. A ideia da transmissão está comprometida com a de revelação. Com isso valoriza-se a necessidade de transmitir algo bom, divino ou perfeito (que foi revelado), o mais corretamente possível.

O princípio pré-formista é generoso com o erro, uma vez que a perfeição só se revela na aparência. Ou seja, a ideia pré-formista é complacente com o erro; somos seres humanos, mortais, imperfeitos e precários. Por isso, há uma certa filosofia da complacência, generosidade ou aceitação do erro como sendo algo próprio do ser humano.

O princípio empirista, da transmissão, é muito exigente diante do erro. Não se pode facilitar com a transmissão: devemos fazê-la da melhor forma possível, para cumprir o destino do ser humano, que é o de ser instrumento de algo superior e transcendental. Isso vale tanto para as religiões quanto para as matemáticas: embora só possamos nos aproximar de um triângulo perfeito por meio de cópias imperfeitas, na precariedade do sensível, devemos por outro lado procurar demonstrá-lo em suas relações ideais ou permanentes. Se esses comentários tiverem algum sentido, justifica-se a presença, na escola, dessas duas ideias antagônicas: uma que não perdoa o erro e outra generosa com ele. São duas tradições epistemológicas, duas visões opostas sobre o processo de conhecimento.

Ora, a perspectiva construtivista da criança é a da criação: não é a da transmissão, nem a da revelação. Algo não está dado; terá que ser construído. O construtivismo (Piaget, 1976) é um processo que não exige rigor ou complacência com o erro. Volto à metáfora dos objetos físicos: eles não são complacentes "você tem que pegá-los do jeito que são, senão eles caem, você se machuca...". A natureza não é complacente conosco. E, também, não é rigorosa. Ela é o que é.

No construtivismo o problema é o da invenção e da descoberta, nos quais erro e acerto são inevitáveis, fazem parte do processo. Não em um sentido de rigor ou complacência excessiva, mas como aquilo com que temos que lidar.

Na perspectiva formal (adulta), o erro é visto como algo ruim, a ser evitado ou punido. Inclusive, há professores que defendem o ponto de vista de que não se pode permitir que o erro aconteça, pois ele se fixa, e uma vez fixado, dificilmente será eliminado. Trata-se de uma teoria bastante razoável. Por exemplo, quando uma criança aprende a engatinhar, seus movimentos vão pouco a pouco se automatizando. Isso é sábio, porque uma vez que o esquema de engatinhar tiver sido automatizado, a criança poderá, então, prestar atenção aos objetos ou pessoas dos quais está se aproximando ou se afastando. O mesmo acontece com nossas posturas corporais que, ativas durante sua formação, vão automatizando-se. Mais tarde, se tivermos dores nas costas, por exemplo, teremos consciência da dor, mas não de sua causa postural, pois esta tornou-se inconsciente, autônoma do sistema consciente.

Afirmamos que a perspectiva adulta (do professor, por exemplo) é formal no sentido de que os conteúdos são abstraídos do contexto em que são produzidos. É só no plano formal que certo e errado fazem sentido porque no domínio da realização eles se referem a um momento do sistema e, portanto, são julgados relativamente a esse contexto e não em termos absolutos. Na perspectiva formal, o importante é que a criança errou, e não porque ou como errou. É uma visão adulta, de algo acabado, que não está em um processo de revisão.

Outra ideia formal do erro é a de que ele pode ser apagado ou corrigido. No plano do "adulto", ou lógico-formal, existe "borracha" e esta é muito eficiente. Nele, o erro pode e deve ser corrigido. É o caso, por exemplo, da produção do conhecimento científico. Se uma nova teoria demonstra que a anterior estava total ou parcialmente errada, faz-se uma substituição ou correção dela. O mesmo acontece na escrita. Nós adultos, e também as crianças, quando escrevemos, autocorrigimo-nos. E tem que ser assim. Ora, na vida não há "borracha". A vida é um fenômeno irreversível e, por isso, tem-se que repensar essa questão.

Outra questão importante na perspectiva formal é a seguinte: por que suportar o errado quando se sabe o que é certo? É justo fazer isso? Ou seja, como e por que conviver com o erro, tendo consciência dele? Como diferenciar e integrar essa contradição?

Nossa escola, por mais que tenha em conta o desenvolvimento da criança, está comprometida com resultados. O que interessa, em última instância, é se a criança aprendeu ou não a ler, escrever e contar. O modo como isso se deu fica secundário, ou seja, a escola está preocupada com o plano da eficácia. Como veremos, o construtivismo reformula substancialmente tal visão.

Quando a escola falha, isto é, não é eficaz, a razão do erro é buscada em muitas fontes: ora é vista como um problema do professor, ora da escola, ora da criança etc. Mas há sempre um culpado na história. Nesse parâmetro, nem sempre se vê o problema em um sentido dinâmico, ou seja, em um sistema de corresponsabilidades.

A questão do erro em uma perspectiva da criança

No construtivismo o erro é possível, ou até necessário, isto é, faz parte do processo. Por isso, o construtivismo defende que as estruturas, os esquemas, os conceitos, as ideias, são criados, construídos, por um processo de autorregulação (Piaget, 1976). O que isso quer dizer? Para aprender, por exemplo, a ficar em pé, a criança terá que descobrir uma postura correta. No início, ela não sabe como fazer isso: as pernas ficam muito abertas, ou muito fechadas; o corpo muito para frente, ou muito para trás. Ter outras pessoas como modelo é fundamental, mas não suficiente para resolver a situação. Autorregulação significa busca de sintonia. Há algo no processo que precisa ser corrigido, ou seja, se a criança está indo muito para a frente, precisa aprender a vir um pouco para trás; se está indo muito para um lado, precisa inclinar-se um pouco para o outro etc. Enfim, regulação refere-se a aspectos do processo, corrigidos ou mantidos, tendo-se em vista os resultados que se quer alcançar. É o que Piaget chama de *feedback* positivo e negativo. O *feedback* positivo corresponde ao que pode ser mantido, pelo menos naquele momento, pois é bom para o resultado pretendido. Por exemplo, na postura em pé, certos aspectos estão bons, mas há problemas com a inclinação do corpo. O limite entre o favorável e o desfavorável ao que se quer alcançar é construído por meio da autorregulação, na qual erro e acerto não são predeterminados ou dados externamente. Eles são parte intrínseca do processo. Por isso a palavra erro não faz parte do vocabulário de Piaget. Para ele não interessa o erro; o que interessa é a ação física ou mental. Erro e acerto são detalhes dessas ações. O que está certo aqui, pode estar errado lá, tem-se apenas aspectos que devem ser corrigidos ou melhorados e outros que devem ser mantidos.

Os comentários feitos acima remetem-nos para uma questão fundamental do ponto de vista pedagógico: como transformar o erro em um observável para o aluno? (Macedo, 1992). Na questão da postura em pé, por exemplo, o erro é um observável para a criança. Ela sente o erro corporalmente, porque cai no chão, porque se desequilibra. Não que saiba discursar sobre o erro, mas pode senti-lo fisicamente e tem que lidar com ele. Então, como tornar o erro um observável na escola? Nesse sentido, a teoria mais antiga e conhecida de Piaget (a dos estádios de desenvolvimento) não nos ajuda muito, porque se refere a níveis de compreensão, em que o "erro" não é observável para a criança. Vejamos, por exemplo, as provas clássicas sobre noção de conservação. No caso da noção de conservação de quantidades contínuas (Piaget & Inhelder, 1941/1971), o experimentador faz duas bolinhas de argila. Depois que a criança concorda que elas têm a mesma quantidade de massa, ele modifica uma delas, dando-lhe a forma de "salsicha" ou "panqueca", e pergunta se a quantidade da massa continua ou não a mesma. Os "erros" da criança nesse caso não são observáveis para ela. Ou seja, quando diz que tem mais massa na "salsicha" do que na bola (porque aquela "é mais comprida"), a criança, ao contrário do adulto que está aplicando a prova, não sabe que está errando. Não se dá conta de que essa resposta contradiz seu reconhecimento anterior de que as duas bolas tinham a mesma quantidade de massa. Um pouco mais tarde, ela mesma perceberá o conflito entre suas respostas, até alcançar a compreensão correta. Trata-se de uma situação experimental muito bem formulada por Piaget. Como estava preocupado com o aspecto estrutural da questão interessava-lhe propor uma situação cuja validade da resposta não pudesse ser controlada pela criança.

Para os professores, uma situação em que a criança é ignorante até certo ponto, daquilo que faz ou fala, nem sempre é interessante. Daí a importância, por exemplo, de estudos sobre aprendizagem operatória (Inhelder, Sinclair & Bovet, 1977), em que são criadas situações nas quais o erro pode ser um observável para a criança. A aplicação desses estudos para conteúdos escolares ainda está sendo investigada.

Penso que uma das grandes contribuições de Emília Ferreiro e Ana Teberosky (1986) foi criar situações de pesquisa, em que certos aspectos da construção da escrita na criança podem ser observáveis para ela. Sejam seus erros construtivos ou problematizadores.

O erro enquanto observável

Os estudos sobre aprendizagem operatória são muito promissores no sentido de nos ensinarem a tornar os erros observáveis para as crianças. É o caso, por exemplo, da situação de jogos (Macedo, 1992). Em nosso Laboratório de Psicopedagogia (no Instituto de Psicologia da USP) temos trabalhado muito com jogos. Estes criam um contexto em que se pode mostrar à criança, ou ela pode verificar por si mesma, a contradição, o conflito e a não coerência entre suas respostas.

Para deixar mais clara a importância do erro como um observável para a criança, farei uso da clássica divisão que Piaget fez em suas provas operatórias. De modo geral, toda a parte experimental da teoria de Piaget (Pauli et alii, 1981) pode ser reduzida ao seu esforço em classificar e ordenar em níveis de desenvolvimento as respostas das crianças. O nível I corresponde àquele em que a criança não resolve o problema ou mesmo sequer o entende. O nível II é o do conflito, ambivalência, dúvida ou flutuação. É o nível intermediário, no qual a criança oscila em suas respostas. O nível III corresponde àquele em que a criança apresenta uma solução suficiente para a questão proposta. Obviamente, o que é nível III em um sistema, equivale a um nível II ou I no que lhe é imediatamente superior em termos de complexidade.

Como analisar a questão do erro tendo em vista os níveis I, II e III?

O nível I é caracterizado pela justaposição e pelo sincretismo. Nele, o erro é recalcado do ponto de vista cognitivo. Voltemos à prova em que a bola é transformada em "salsicha". Justaposição é o fato de a criança colocar lado a lado, mas sem vínculo ou articulação, a resposta dada na primeira situação (duas bolinhas) e a que dá em seguida, quando se transforma uma bolinha em salsicha. É como se ela esquecesse ter afirmado que havia a mesma quantidade de massa na primeira situação. A razão desse "esquecimento" é que a criança ainda não sabe articular as duas situações, não sendo, portanto, capaz de diferenciar e integrar forma e quantidade de massa.

O sincretismo é a outra face da moeda. Refere-se à ideia da criança de que se a forma foi alterada, também se alterou a quantidade. É um plano de indiferenciação. Mas, em uma perspectiva construtivista, esse nível tem um importante valor. Ele nos lembra, como mostrou Piaget, que um sistema só assimila um problema quando tem alguma condição de lidar com ele. O recalcamento cognitivo cumpre a função de evitar conflitos não solucionáveis pelo sistema. Em outras palavras, entender a pergunta é, de certa forma, possuir uma parte da resposta.

Recalcamento cognitivo para Piaget (1973) é o mecanismo por intermédio do qual uma situação é assimilada de forma justaposta (dissociada) ou sincrética (indiferenciada). A contradição, dúvida ou erro, só se colocam quando, de algum modo, há recursos para que se possam enfrentá-los ou superá-los. No nível I "não há erro" porque este é recalcado pela criança. Ela diz, por exemplo, que tem mais massa na bolinha do que na salsicha com a mesma certeza que a criança do nível III, que compreende de fato que há o mesmo tanto. O conflito é recalcado na criança de nível I; porque se no plano do fazer dominam as noções de mais e menos, no plano do compreender não as articula entre si. Ou seja, ela sabe o que é tirar e pôr, mas apenas em um nível prático. Essa criança ainda não é capaz de tirar e pôr como possibilidade, como virtualidade. O que ela não sabe ainda é aplicar seu conhecimento de tirar e pôr. Se soubesse, seria obrigada, logicamente, a dizer que há a mesma quantidade, apesar da mudança da forma. É o que nos diria a criança de nível III. Em outras palavras, a criança de nível I sabe no plano do fazer, é capaz de tirar e pôr como um fim ou objetivo, mas não como um meio de compreender uma situação de invariância quanto à quantidade. O nível II caracteriza-se pela flutuação das respostas da criança. No caso da prova de conservação de quantidade de massa, a criança diz, por exemplo, que há o mesmo tanto, mas muda de convicção, caso se diga que outra criança pensa diferente. Ou, compreende a questão no problema "bola salsicha", mas não compreende em outros: quando, por exemplo, uma das bolas é cortada em vários pedaços. Trata-se de um nível de resposta em que a compreensão do problema depende do contexto em que é formulado. No que diz respeito ao erro, esse nível corresponde àquela situação em que *a posteriori* admite-se ter errado, ou em que ainda não há antecipação ou pré-correção do erro. Por isso mesmo, o nível II é o do ensaio e erro, da tentativa, da solução empírica.

O nível III caracteriza-se pela compreensão do problema tal como é colocado. Nesse nível, quaisquer que sejam as deformações nas bolinhas, a criança dirá que há a mesma quantidade e dará uma explicação lógica, isto é, interna às relações presentes nesse sistema. Não que no nível III não haja mais problemas ou erros. É o modo de se lidar com eles que muda. Pensemos, por exemplo, numa situação de escrita. Quando uma criança desse nível, ou mesmo um adulto, escreve uma frase julgada inadequada ao que quer comunicar, ou escreve uma palavra sobre a qual tem dúvidas, o que faz? Reescreve a frase, consulta o dicionário ou pede ajuda. Ou seja, os problemas não acabaram: apenas se tornaram internos ao sistema. Eles podem, dentro de certos limites, ser antecipados, neutralizados, pré-corrigidos ou compensados. Portanto, no nível III o erro é um problema para o sujeito, faz parte do processo, é interno a ele.

O erro no plano do "fazer" ou "compreender"

Anteriormente mencionei os termos fazer e compreender. Penso que será útil retomá-los na questão que estamos tratando. Piaget afirma que nossa ação física ou mental depende de dois sistemas cognitivos. Um deles, é o sistema do *compreender* e o outro é o sistema do *fazer*.

O sistema cognitivo correspondente ao fazer (no sentido de *réussir*) é de natureza técnica, executiva. Ele nos lembra que nossa vida é determinada por objetivos e resultados. Ou seja, do ponto de vista do fazer, somos determinados por um problema, um objetivo, um querer ou ainda uma intenção. Mas para alcançar "bons resultados" precisamos dispor de meios adequados. A criança pequena, por exemplo, quer colocar uma chupeta na boca, e consegue isso ou não. Se não consegue, desiste ou investe na produção de meios que a conduzam à obtenção do resultado desejado.

O sistema cognitivo do fazer está, então, comprometido com um resultado em função de um objetivo, bem como com a construção de meios e estratégias adequadas à solução do problema que se está enfrentando. Esse sistema é de natureza espaço-temporal, porque é uma ação técnica a ser executada. É contextual porque deve considerar as condições materiais e concretas que facilitam ou dificultam uma determinada solução. Disso decorre a necessidade de construção de estratégias, de alteração dos procedimentos, tendo em vista os arranjos específicos que as diferentes situações colocam.

No plano do fazer, "errado" é o que frustra um resultado em função de um objetivo. Daí a importância desse erro. Se objetivo e resultado forem claros para a criança, um erro de procedimento ou estratégia, em uma dada situação, pode se tornar um problema, algo a ser alterado, corrigido ou aperfeiçoado.

Vejamos agora o plano cognitivo do compreender. Neste, conseguir um resultado, favorável ou não, é o menos importante. O compreender é o plano da razão, do sentido. É o plano do "porque algo é assim", da consciência dos meios e das razões que produzem um determinado acontecimento. O plano da compreensão é o do domínio da estrutura, do sistema que regula a ocorrência de um certo fenômeno.

A compreensão não se limita a um espaço e tempo restritos porque ela coordena o que é da ordem do geral, que se aplica a um conjunto de situações. Por isso, tal como suponho, a questão do erro coloca-se de um modo diferente no plano do compreender.

Neste, o erro corresponde a uma contradição, conflito ou falha na teoria (hipótese) que explica determinado fenômeno. Erro, nesse plano, corresponde, então, às lacunas em que aquilo que a criança diz não se articula com o que faz, ou em que aquilo que diz em uma situação não se coordena com o que diz na situação seguinte.

Até agora, analisamos fazer e compreender como dois sistemas autônomos. Com isso, foi possível, talvez, analisar a especificidade de cada um. Mas o fato é que são sistemas solidários: fazemos, na medida em que compreendemos, e compreendemos na medida em que fazemos. Um sistema retroalimenta o outro. A solidariedade entre fazer e compreender acarreta dois tipos de erros: os sistemáticos e os funcionais. Os primeiros correspondem aos de ordem estrutural. São erros que todas as crianças, em um certo momento de seu desenvolvimento, fazem. São erros que definem um nível de relação com os objetos de conhecimento. Já os erros funcionais são os que ocorrem na perspectiva do fazer.

Tendo em vista os comentários anteriores, qual a atitude que o professor deve assumir diante do erro? Que postura é coerente com o construtivismo? Se o erro faz parte do processo, se pode ser analisado de diferentes ângulos, então não se trata de negá-lo ou justificá-lo de maneira complacente, nem de evitá-lo por meios de punições, mas de problematizá-lo, transformando-o em uma situação de aprendizagem. O importante é sabermos a serviço do que está a correção e qual seu sentido – estrutural ou funcional – para a criança.

Outro reexame a que a posição construtivista pode nos encaminhar decorre da própria questão psicológica. Em que nível estamos exigindo uma avaliação do erro da criança? Muitas vezes ficamos frustrados por não poder ajudar a criança, por exemplo, a escrever bem. Voltemos à metáfora do objeto físico: a criança interage com ele dentro de suas possibilidades e necessidades. Além disso, vai enriquecendo (por diferenciação e integração) essas possibilidades e necessidades até chegar a um nível correspondente ao de um professor de física, por exemplo, que tem uma conceituação precisa sobre a natureza, a mecânica etc. Por que essa psicogênese não pode valer para objetos da cultura? Essa questão nos remete ao problema do livro didático. Por um lado é exigido da criança que escreva ortograficamente bem, independentemente de seu nível. Por outro, é exigido que os textos didáticos sejam sempre acessíveis à (ou "complacentes com a") criança.

Acho que, no sentido da comunicação, da troca, devemos ser didáticos. Ou seja, no sentido de respeito pelo outro, que "só pode me ouvir se eu lhe disser algo assimilável por ele". Mas discordo de um certo didatismo, que exige uma subserviência do texto às características do leitor (ao contrário de nossas relações com a natureza). É o caso, por exemplo, de Piaget. Ele não é um autor didático. É preciso aprender a lê-lo: criar esquemas, copiar, fazer resumos, apontar dúvidas, grifar etc. É uma "luta". É como acontece com a criança que, querendo pegar um objeto e não sabendo como fazê-lo, realiza toda uma série de manobras tendo em vista isso. Criou-se entre nós uma ideia de que um bom texto é aquele que se lê e se entende na primeira vez. Na natureza não é assim. Com a criança não é assim. Sabemos o quanto as crianças repetem uma ação incansavelmente até conseguir realizá-la com êxito. A exigência de se entender na primeira vez é fruto de uma mentalidade baseada simultaneamente na ideia de revelação (da relação direta e imediata entre sujeito e objeto) e de transmissão (da exigência e da arte de transmitir bem, sem erros).

Considerações finais

As teorias pedagógicas ou psicológicas estão comprometidas com uma certa visão do que é o conhecimento como revelação, transmissão ou construção. A maioria de nós circula um pouco por tudo isso: são influências que recebemos ao longo de muitos anos e provindas de muitas fontes. Além disso, tematizar a visão de conhecimento que predomina na proposta curricular de uma escola, por exemplo, é um processo lento e que à primeira vista afasta o professor de seus interesses mais urgentes. Mas vale a pena porque, ao menos quanto ao construtivismo, propõe-nos uma questão muito importante: a da busca da coerência ou interdependência entre teoria e prática pedagógica.

O construtivismo, tal como Piaget o formulou, não foi proposto diretamente para professores ou para escola. Para esta, a questão mais importante é a do ensino ou da aprendizagem de conteúdos escolares. E, à forma como a escola usualmente considera a questão do ensino-aprendizagem, Piaget (1970) tem mais críticas a fazer do que contribuições efetivas a dar. Por outro lado, Piaget e seus colaboradores fizeram muitas pesquisas e publicaram livros contendo descrições sobre a psicogênese de noções, mormente de física e matemática, extremamente úteis à escola. Mas sobre conteúdo escolar, da forma como é tratado em sala de aula, pouco se encontra nos textos de Piaget. A questão que se coloca, então, é a seguinte: como o professor pode se manter comprometido com os conteúdos escolares, ou seja, com uma prática coerente (na medida do possível) com a perspectiva do construtivismo? Neste trabalho discutimos alguns aspectos do ensino-aprendizagem de conteúdos escolares (mesmo que numa linha exploratória) relacionados à questão do erro. Entendamos por coerência o trabalho de articulação interna (construção de necessidade) entre os diferentes elementos que compõem um sistema, tal que suas partes não se contradigam ou se impossibilitem entre si. Um trabalho em que as partes se encaixem em um todo, por diferenciação e integração. Deste modo, a busca de coerências é um ponto de chegada; não é uma exigência de partida; é o trabalho.

Voltemos à questão do erro em uma perspectiva formal (do adulto) ou construtivista (da criança) para lembrar um último ponto. O erro, na perspectiva formal é um fenômeno consciente: se a revelação já foi feita, não se pode perseverar nele e tem-se que valorizar sua "boa" transmissão. Trata-se de algo bastante razoável se formos considerar apenas o plano da consciência. Só que para Piaget, ou seja, em uma perspectiva construtivista, a consciência, do que quer que seja, é uma questão de grau, de um nível de construção (Piaget, 1978). Há um inconsciente cognitivo que estrutura nossos esquemas de ação, nossa elaboração do mundo, de um modo que só pode ser conhecido por sua atuação. Lembremo-nos do que já foi dito aqui em termos dos níveis I, II e III. Isso não significa que a criança não erre, em uma perspectiva formal, e que o erro inconsciente não seja um erro. É um erro, pois só sabemos considerar o pensamento em uma perspectiva consciente, "externa". Mas a introdução da ideia de um inconsciente cognitivo, tal como Piaget a formulou, altera substancialmente nosso modo de lidar com essa questão. A tematização de nossas teorias e de nossas ações é um trabalho longo e complexo. Mas que vale a pena pelas questões que nos propõe, principalmente quanto ao problema da coerência, já mencionado.

Em resumo, no presente texto tratamos a questão do erro em três níveis. No nível I não há erro em uma perspectiva consciente; ele é recalcado e as respostas contraditórias não causam conflitos ou problemas para as crianças. As tentativas de denunciá-lo são inoperantes.

No nível II o erro aparece como um problema. Depois de tê-lo cometido, a criança o reconhece, apesar de já ser tarde. Além disso, as soluções ocorrem por ensaio e erro, ou seja, por tentativas. A interferência exterior do adulto ou de outra criança já surte mais efeito, no sentido de problematizar a situação. Mas, ainda é uma perturbação exterior ao sistema cognitivo da criança. As iniciativas exteriores problematizam o erro. Ele instala-se como uma contradição que exige superação.

No nível III o erro é superado enquanto problema. A criança pode antecipá-lo ou anulá-lo, ou seja, dispõe de meios, dentro de seu sistema, para pesquisá-lo. Os erros anteriores são evitados nas ações seguintes. Há pré-correção do erro, há antecipação interior ao sistema. O sujeito adquire uma certa autonomia.

Referências bibliográficas

BETTELHEIM, Bruno & ZELAN, Karen. *Psicanálise da alfabetização: um estudo psicanalítico do ato de ler e aprender.* Trad. José Luiz Caon. Porto Alegre, Artes Médicas, 1987.

FERREIRO, Emília & TEBEROSKY, Ana. *Psicogênese da língua escrita.* Trad. Diana Myriam Lichtensteis *et alii.* Porto Alegre, Artes Médicas, 1986.

INHELDER, Bärbel *et alii. Aprendizagem e estruturas do conhecimento.* Trad. Maria Aparecida Rodrigues Cintra e Maria Yolanda Rodrigues Cintra. São Paulo, Saraiva, 1977.

MACEDO, Lino de. Para uma psicopedagogia construtivista. In: Eunice Soriano de Alencar, org. *Novas contribuições da psicologia aos processos de ensino e aprendizagem*. São Paulo, Cortez, 1992. Capítulo 6.

PAULI, Laurent *et alii*. *Inventários de Jean Piaget*. Trad. Jorge Correia Jesuíno. Lisboa, Estampa, 1981.

PIAGET, Jean. Les courants de l'epstémologie scientifique contemporaine. In:____, org. *Logique et connaissance scientifique*. Paris, Gallimard, 1967. pp. 1225-1271.

_____. *Psicologia e pedagogia*. Trad. Dirceu Accioly Lindoso & Rosa Maria Ribeiro da Silva. Rio de Janeiro, Forense, 1970.

_____. *Problemas de psicologia genética*. Trad. Célia E. A. di Piero. Rio de Janeiro, Forence, 1973. Capítulo 2.

_____. *A equilibração das estruturas cognitivas: problema central do desenvolvimento*. Trad. Marion Merlone dos Santos Penna. Rio de Janeiro, Zahar, 1976.

_____. *Fazer e compreender*. Trad. Christina Larronde de Paula Leite. São Paulo, Melhoramentos/EDUSP, 1978.

_____. *A tomada de consciência*. Trad. Edson Braga de Souza. São Paulo, Melhoramentos / EDUSP, 1978.

PIAGET, Jean & INHELDER, Bärbel (1941). *O desenvolvimento das quantidades físicas na criança: conservação e atomismo*. Trad. Christiano Monteiro Oiticica. Rio de Janeiro, Zahar, 1971.

Para um discurso das regras na escola ou na psicopedagogia[1]

Este texto divide-se em três partes: na primeira, proponho uma comparação entre leis e regras, trabalhando também o estatuto das regras na teoria de Piaget e nos jogos. Na segunda parte, como discussão, farei uma análise do discurso da lei pela escola e pelos professores e de como, na minha opinião, a psicopedagogia contribui para uma reconsideração de tais discursos. Na terceira parte, tentarei desenvolver o discurso da lei no próprio corpo da psicopedagogia, procurando identificar algumas das contribuições do construtivismo de Piaget para uma releitura desse discurso em favor do discurso da regra.

Para uma comparação entre leis e regras

Os contrastes entre leis e regras, ainda que discutíveis, serão propostos para comparar essas duas formas extremas, graças às quais organizamos nossos conhecimentos simbólicos, sociais e lúdicos. Serão feitas seis comparações entre leis e regras. O propósito será marcar

---
1. Publicado in: *Cadernos de Pesquisa*. São Paulo, n. 87, pp.13-19, 1993.

uma imagem das oposições entre elas e, com isso, enfatizar a predominância das primeiras sobre as segundas, seja na escola ou na psicopedagogia.

1. A lei ordena o desejo, a regra ordena a relação.

A lei ordena o que, sem ela, não conhece limites, nem necessita deles. Chamo de desejo o ordenador que, enquanto impossível por não ser realizável pelo sujeito, busca, nas contingências do real, os objetos ou as satisfações sempre provisórios e substitutos daquilo que nunca poderá ser, para ele, disponível diretamente. A função da lei é traçar os contornos dessas satisfações, ou seja, determinar o que está dentro ou fora delas. O que a caracteriza, então, é seu papel de fixar os limites, as formas permitidas ou não, de ordenar o que sem esse contorno não tem sentido. Por extensão, o que é da ordem da lei vale para todos.

As regras, ao contrário das leis, ordenam as relações. Estas têm a função de realizar uma coisa por intermédio de outra; operam no sentido de tornar seus elementos (objetos, pessoas) partes do mesmo todo. Assim, dentro de seus limites, tendem a ser as mais amplas possíveis.

2. As leis têm um valor negativo, ainda que sua formulação possa ser positiva; as regras, mesmo que tenham uma formulação negativa, sempre têm um valor positivo.

A função negativa das leis deriva do que foi afirmado na primeira comparação: sendo demarcadoras de limites, definem o que não pode ser, o que é impossível no sistema considerado. Ocorre que as leis são históricas e motivadas. Históricas, porque algo que ameaça a saúde, a sobrevivência, a harmonia etc., de um grupo, teve que ser interrompido ou estruturado de outra forma, sendo daí em diante aplicável a todos os seus integrantes. Nesse sentido, sempre se pode marcar um acontecimento, uma história, algo que comoveu uma nação, uma comunidade e que criou a necessidade de fixar limites ou proibições.

As regras, por sua natureza, por sua lógica interna, são arbitrárias e convencionais, ou pelo menos têm isso como tendência. É certo que os esquemas simbólicos – porque derivados dos esquemas sensório-motores – são, como as leis, históricos e motivados (Piaget, 1945). Mas os esquemas regrados, sucessores dos esquemas simbólicos no período operatório, terminam por ser, de certa forma, arbitrários e convencionais, mesmo que internamente governados por sua necessidade lógica. Isso decorre, creio, da dupla característica das regras, segundo Piaget: serem coletivas e exigirem regularidade.

3. A transgressão nas leis e a obediência nas regras

O texto de Jean Baudrillard (1992), *Da sedução*, em seu terceiro capítulo, "O destino político da sedução: a paixão pelas regras", expõe claramente essa diferença fundamental entre leis e regras. As leis, pelo pouco que já foi visto, seduzem-nos pela possibilidade e necessidade de transgressão. Evitar o que não mais pode ser é, com efeito, o que motiva a lei; transgredir esses novos limites é o que seduz as pessoas ou grupos, seja por suas formas "permitidas" (ou incontroláveis), seja por suas formas "proibidas" (controláveis). Permitidas pelos sonhos, pelos atos falhos, pelos esquecimentos, pelos sintomas etc. Proibidas por todo conjunto de normas que compõem, por exemplo, os códigos jurídicos de uma dada sociedade ou cultura. Ao contrário, nas regras o que seduz, o que anima as pessoas, é a obediência. Por certo há transgressores de regras, por exemplo, em um jogo de cartas. Mas a transgressão não funciona, ou funciona de um modo muito diferente em tal sistema (que se opõe ao das leis). Se em um jogo alguém não sabe que seu adversário transgride as regras (rouba), continua jogando, tenta ganhar, continua sendo desafiado. Para o transgressor, a vitória não vale nada, porque ele sabe que é falsa, sabe que seu jogo é outro. Além disso, se aquele alguém passa a saber que o adversário transgride, simplesmente deixa de jogar com ele, porque nas regras o que seduz é justamente ganhar o jogo dentro de seu contexto (das regras). Por isso nosso interesse em saber as regras, justamente para considerá-las em conta.

Da presente comparação decorre que, por extensão, a lei se aplica na ignorância, ou seja, ninguém pode se justificar ao descumprimento de uma lei que não conhece. A ignorância não justifica – talvez apenas atenue – os atos ilegais. As regras, por seu lado, só se aplicam quando conhecidas; então, a demanda dos jogadores por conhecer e seguir as regras, uma vez que estas só funcionam quando conhecidas. Por isso, quando uma lei é desconsiderada, gera culpa. As regras, quando são desconsideradas, geram algo parecido com vergonha ou sentimentos de inadequação.

4. As leis enquanto instituídas; as regras enquanto construídas

As leis são impostas no sentido que, por exemplo, uma criança ao nascer já se encontra sob seu império. Por outro lado, as leis são construídas e transformadas pela sociedade. Em ambos os casos, sua dimensão é histórica e motivada. As regras, ao contrário, ainda que propostas, por exemplo, pelo inventor do jogo, devem sempre ser atualizadas: sua dimensão é espacial e arbitrária (combinada).

As leis são impositivas; as regras, enquanto construídas ou atualizadas, demandam consentimento. Disso decorre que as leis são heterorreguladas, ou seja, exigem um "fiscal", alguém que, com sua autoridade, faça cumprir os mandamentos da lei. Ou seja, nas leis há um regulador externo que controla seu cumprimento. Como professores, muitas vezes agimos dessa forma. As regras, ao contrário, são autorreguladas; ou seja, o regulador é interno ao sistema e os "fiscais" são os próprios participantes, como no jogo, por exemplo.

5. O estatuto contingente das leis por oposição ao estatuto necessário das regras

As leis são contingentes, no sentido que são as circunstâncias que definem o caráter de suas transgressões. Na guerra – em nome da pátria – pode-se matar. Uma coisa é matar alguém por intenção ou premeditação, outra é fazê-lo "pelo momento". A lei fixa os limites, as circunstâncias em que a culpa é maior ou menor; por isso, há todo um corpo de jurisprudência, advogados e juízes que definem o peso maior ou menor de uma transgressão. As regras não são contigenciais; elas são necessárias, como, por exemplo, no interior do jogo. As regras são o que não se pode esquecer no contexto das relações, porque os esquecimentos geram contradições no sistema, que, se não superadas, determinam o fim da relação.

Dizer que as leis operam enquanto contingência é o mesmo que afirmar que operam como modo de articulação, de interpretação do real em sua modalidade de algo impossível no sistema, ou seja, das coisas que nele não podem ser. Já as regras operam nas modalidades do possível e do necessário. Só se pode regular o que em um certo nível da relação é possível e necessário (Piaget, 1983). Por essa razão, diz-se que as leis são conservadoras, ou seja, que seu propósito é a tradição, a eliminação do que ameaça a sobrevivência – física ou social – do sistema. As regras, dentro de seus limites, são transformadoras, pedem-nos o tempo todo a consideração do que se tornou possível no sistema. O gozo de um jogador, por exemplo, é ganhar, ser melhor do que o outro em um contexto de regras; é sempre buscar ser melhor que o adversário e, o mais importante, superar a si mesmo.

6. As leis como lógica das classes, e as regras como lógica das relações

Seria possível recorrer, ainda que metaforicamente, à lógica das classes para descrever a estrutura das leis, e à lógica das relações para descrever a estrutura das regras (Piaget, 1976). A lógica das classes, segundo Piaget, envolve relações de um todo B com suas partes A e A', em que $A+A' = B$; $B - A' = A$; $B - A = A'$ e $A.A' = 0$. O desafio na lógica das classes é o de afirmar e negar o tempo todo para alcançar as diferenciações e integrações entre A, A' e B, ou seja, operar as partes e o todo com suas necessárias exclusões ou complementaridades. Dessa forma, na lógica das classes a reversibilidade atua pela inversão ou negação, propriedade que nos possibilita configurar algo como um objeto ou como um todo, com suas partes complementares e excludentes.

As regras poderiam ter como pressuposto relevante a lógica das relações. Nela, a reversibilidade adquire a forma de reciprocidade ou compensação das relações. Dessa maneira, um objeto, ou forma, é definido em função de outros objetos ou outras formas. Esta é uma operação pela qual se pode localizar um objeto ou uma forma dentro do contínuo ao qual pertence. Nas relações, o diálogo entre termos é crucial, ou seja, trata-se sempre de pensar ou operar um termo em função de outro. É por isso que nessa lógica os procedimentos de comparação e as formas de operar por reciprocidade ou compensação são fundamentais. Para seriar, por exemplo, um conjunto de varetas, a criança tem que definir a maior ou a menor (dependendo do sentido da ordenação) por oposição às outras, para que, repetindo esse procedimento, possa ordenar, segundo suas diferenças, todas as varetas. O que interessa marcar aqui é que, nesse sentido, todas as varetas são e não são simultaneamente maiores e menores, porque se A é maior que B, este, que é menor que A, em comparação com C é maior, e assim sucessivamente. Ou seja, quando se ordena um número de varetas por suas diferenças de tamanho, por exemplo, qualquer uma delas é sempre maior do que as que vêm depois (se o sentido for descendente) e, ao mesmo tempo, sempre menor do que as que vêm antes.

Na lógica das classes, ao contrário, os objetos são ou não são: este objeto é grande ou pequeno, circular ou não. Ou seja, na lógica das classes, quando se qualifica um objeto como pertencente ou não a uma classe de equivalentes (conjunto em que, em condições iguais, os objetos são substituíveis entre si), introduz-se um corte, em que as coisas são ou não segundo aquele critério. Na lógica das relações, o que define o objeto é a comparação com o outro. Por exemplo, a altura de alguém não vale por si mesma e só pode ser afirmada, como inferior ou superior, em relação à altura do outro com quem é comparada. Na lógica das classes, em um dado momento, tem-se ou não tal qualidade; se é alto ou não, se é brasileiro ou não. Nessa lógica, ou se é um todo (B), ou se é parte dele (A ou A'). Por isso, a forma ternária (B, A e A') das classes, formando um todo com suas partes complementares e irredutíveis.

Para concluir as comparações entre leis e regras quero, em primeiro lugar, esclarecer um pouco mais a diferença entre o aspecto moral das leis e o aspecto ético das regras. A moral corresponde ao discurso das leis, enquanto a ética corresponde ao discurso das regras. A moral nos ensina como e porque fazer o certo. A ética nos ensina como e para que (ou a quem) fazer (o) bem. Voltando ao exemplo dos jogos, poderíamos dizer que suas regras "externas", ou seja, as regras do jogo, correspondem ao que aqui estamos chamando "leis". São leis porque fixam os limites dentro dos quais o jogo se dá e às quais todos os jogadores estão submetidos. Podem-se, por exemplo, conhecer todas leis do jogo de dominó, de damas ou de xadrez e, no entanto, perder todas as partidas ou jogadas. Em outras palavras, uma coisa é a lei do jogo, outra são as regras, o "como fazer" para um jogador ganhar a partida. Estamos chamando de regras o conjunto de procedimentos do jogador, construído por ele que o faz jogar bem ou mal e não apenas corretamente (no sentido de obedecer as regras do jogo). Em segundo lugar quero destacar, mais uma vez, o caráter complementar (como duas faces de uma mesma moeda) das leis, por oposição às regras e vice-versa.

O objetivo desse texto é o de analisar o valor que, na escola ou psicopedagogia, atribui-se ao discurso das leis sobre o das regras. Antes disso, quero esclarecer que o termo "discurso da lei" que venho utilizando é uma metáfora. Refere-se ao conjunto de ideias, atitudes e procedimentos que nós – contra nós mesmos muitas vezes – operamos em nossas relações com outras pessoas. Para contrapor o discurso das leis (muito valorizado na escola) ao das regras é necessário que se dê importância às supervisões, às discussões dos professores, ao trabalho de fundamentação, à realização de oficinas, ou seja, ao trabalho com base na prática em sala de aula ou consultório.

O estatuto das regras na teoria de Piaget

Toda a teoria de Piaget é uma apologia magistral, se pode dizer, da construção das regras, sem as quais o corpo não constrói esquemas motores; regras sem as quais o espírito não raciocina, nem opera com coerência ou antecipação. Porque as regras são o que faz a cópula entre duas ou mais parte do corpo ou entre duas ou mais imagens do pensamento. Sem as regras, parte do corpo ou representações do pensamento não se coordenam, são independentes ou caóticas. São as regras do corpo que possibilitam, por exemplo, que braços e pernas coordenem-se reciprocamente para permitir o andar de gatinhas.

Talvez seja suficiente recordar três momentos na obra de Piaget em que ele faz a apologia das regras. O primeiro momento está no livro *O julgamento moral na criança* (Piaget, 1932) no qual teve a sabedoria de opor as leis à construção das regras graças às quais as crianças constroem sua moral, seus códigos morais com seus pares em uma relação entre iguais. Ou seja, os adultos operam a moral segundo o discurso das leis; as crianças constroem a moral com seus pares segundo as regras, as regulações de suas condutas, umas em oposição às outras.

O segundo momento da apologia das regras está no livro *A formação do símbolo na criança*. Nele, Piaget (1945) demonstra como a imitação, o jogo e a representação se constroem no contexto das regras. São elas que permitem ser como o outro (imitação), que estruturam os objetos em um contexto de jogo e que possibilitam representar as coisas por palavras orais e depois escritas.

O terceiro momento da apologia das regras em Piaget consiste em certos aspectos da teoria da equilibração majorante (1975), por exemplo, a teoria das regulações entre observáveis e coordenações. O funcionamento destas parecem corresponder ao que sucede em um contexto de regras, que são o critério fundamental para ajustar respostas a um problema, para que se possa, por exemplo, definir (no corpo) qual é a melhor posição para se ficar em pé.

Faz parte do terceiro momento a teoria de equilíbrio mais antiga de Piaget (Apostel, Mandelbrot e Piaget, 1957), apoiada na teoria dos jogos. Nela, Piaget (1964) analisa, por intermédio de uma teoria das estratégias, como se operam as equilibrações em um contexto de mudanças, em que as regras que nele atuam, são o aspecto mais importante de sua realização.

Para um discurso das regras na escola

Acho que, muitas vezes, o discurso dos professores na escola é o das leis. As escolas têm uma tradição antiga e os conhecimentos que nelas se transmitem são, faz muito tempo, conhecimento dos reis, dos nobres, conhecimentos que os adultos, os "melhores" adultos da sociedade, produziam sobre as coisas; que tinham o valor de leis, que determinavam o correto. Creio que, ainda hoje, procedemos na sala de aula sob o discurso das leis; a palavra do professor ainda hoje é a melhor palavra; o lugar do professor ainda hoje é o melhor lugar.

Tomemos um exemplo[2] muito simples para ilustrar a superestimação do discurso das leis sobre o discurso das regras na escola. Analisemos para uma mesma conta, quatro resultados:

a) 74
   + 59
   ‾‾‾‾
   1213

b) 74
   + 59
   ‾‾‾‾
   123

c) 74
   + 59
   ‾‾‾‾
   115

d) 74
   + 59
   ‾‾‾‾
   133

O último resultado d) é o das matemáticas, o que os professores valorizam, que eles qualificam como certo e que esperam de seus alunos. Os outros resultados correspondem aos que alguns alunos dão para a mesma conta. Seria possível defender, quem sabe, que o primeiro resultado, 1213, estaria mais próximo do resultado do professor, porque nesse caso o aluno simplesmente fez uma justaposição de duas somas independentes (9+4=13 e 7+5=12). Penso que não se trata do resultado mais próximo daquele a que chegou o professor, mas o mais distante dos quatro apresentados, porque indica que o aluno não se deu conta do absurdo do resultado proposto por ele. Não fez uma estimativa para criticar sua resposta. Hoje, isso é muito significativo porque, com os computadores, antes de fazer contas, temos que fazer cálculos para criticar a máquina e nossas ações sobre ela. Ou seja, a estimativa voltou a ser um critério muito importante para as contas. Mas o que interessa destacar aqui é a regra adotada por aquele aluno; como fez a adição. Assim, pode ser que a regra para fazer a conta tenha sido: 4+9=13 e 7+5=12, esquecendo de acrescentar +1. A regra da terceira conta teria sido: fazer em primeiro lugar a soma 7+5=12, baixando o 1 e somando o 2 na segunda conta, 4+9=15! Daí o total 115. Possivelmente, em nossa perspectiva, a conta mais absurda tenha sido essa. Mas, na perspectiva da criança, eu diria que foi a mais inteligente, a mais próxima da conta matemática. É razoável supor que, nesse caso, a criança tenha adotado a mesma regra que utiliza para escrever, ou seja, da esquerda para a direita.

Utilizei esse exemplo simples para lembrar que, operando no discurso da lei, a forma de fazer as três primeiras contas não tem

---

2. Agradeço a Marta Rabioglio, que me forneceu o exemplo.

vez, não tem lugar. São transgressões, são erros, geram culpa, têm que ser apagados. Caso se considerasse a construção das regras que uma criança adota para fazer a conta, estas seriam mais importantes do que os resultados produzidos. No construtivismo, o saber do aluno, suas teorias, as regras que inventa, que utiliza para resolver suas dificuldades, são tão relevantes quanto os conhecimentos ou as teorias científicas assumidas pelo professor.

Os professores representam o saber constituído, mas as regras elaboradas pelos alunos podem não estar contidas nesse saber objetivado. Por essa razão, os professores precisam investigá-las nas atividades das crianças. É claro que as teorias, as metodologias, em resumo todo o conhecimento dos professores sobre as matemáticas etc., são fundamentais para a prática educativa. Mas não conhecendo o saber das crianças, nem tendo interesse por ele, os professores são levados a operar no discurso das leis. Se o saber dos alunos não pode ser ouvido ou levado em conta, permanece-se no discurso das leis, dentro dos limites fixado pelas ciências, pelos adultos.

Neste ponto talvez seja oportuna a consideração, ainda que breve, da seguinte questão: que atitude adota um professor orientado pelo construtivismo? Por hipótese, as regras das crianças, como também muitas vezes as nossas, são inconsistentes, contraditórias ou variáveis. De outro lado, também por hipótese, as regras do professor, das matemáticas, são, em um dado momento da evolução científica, as melhores, porque tem uma tradição, ou seja, representam o saber acumulado das ciências. Mas, ainda que isso possa ser verdade, no construtivismo o professor pede à criança que descreva suas regras, suas formas de resolver os problemas, pede justificativas e comparações; enfim, propõe um diálogo em que os erros sistemáticos das crianças podem ser negados no contexto da sala de aula, podem ser criticados no diálogo com seus pares e com seus professores. Ou seja, o construtivismo propõe a análise funcional[3] dos procedimentos adotados pela criança para resolver a conta; propõe a análise das inconsistências, se é assim, de seu sistema de procedimentos. Além disso, trata-se sempre de permitir as afirmações das crianças, não importa quais, para que possam ser negadas ou criticadas por seus professores ou colegas. O mesmo, obviamente, vale para nós.

---

3. Veja-se, para isso, por exemplo, o livro de Inhelder, *Cellérier et alii* (1992).

Tomando o exemplo proposto aqui (somar 74 a 59), como analisar o erro? Admitamos, antes de tudo, que a criança não erra, mas pensa ou age segundo seu nível de desenvolvimento, segundo o melhor que pode. O erro só tem sentido se comparado com outras formas melhores de se resolver o problema. Formas estas ainda desconhecidas ou impossíveis para a criança no nível em que se encontra. Assim, algo se apresenta como um erro para criança apenas quando se torna observável para ela, de modo a produzir conflitos ou problemas que a estimulam a pesquisar, a buscar uma melhor solução. Até então não se trata de um erro; trata-se de sua forma (em nossa perspectiva, de sua pseudossolução) de resolver os problemas. Ao mesmo tempo, qualquer criança sabe, na escola, mesmo que seja por simples suposição, que as contas, as escritas, as leituras dos professores são melhores do que as dela.

Mas a suposição de que o conhecimento do professor é, ou pode ser, melhor do que o da criança é apenas algo imaginável (ou que possa ser intuído) por ela. Algo se constitui como um erro quando se torna um problema para a criança, no sentido que a solução atual já não a satisfaz. Encontrar novas e melhores soluções é, se a criança não desiste da tarefa, o novo desafio que ela se faz. Suas antigas soluções são agora consideradas como pseudonecessárias, ou seja, apenas constituem esquemas obsoletos. Mesmo nesse momento a função dos professores continua sendo primordial: desencadear situações que tornem visível o que, agora, as crianças consideram erros; dar ou sistematizar informações que as crianças possam assimilar em função de seu nível de desenvolvimento (Capítulo 8).

Creio que uma das melhores contribuições dos psicopedagogos para a escola pode ser a de compartilhar com os professores as coisas que sentem na vida cotidiana das salas de aula, mas que muitas vezes não sabem como fundamentar. Os psicopedagogos favorecem a análise, talvez por permitirem a revisão do discurso das leis na escola, ajudando os professores a compreender o porquê de escutar as crianças, ou dialogar em elas. Quando se tem em conta a perspectiva da criança, seu saber é tão importante quanto os ensinamentos dos professores.

Para um discurso das regras na psicopedagogia

Ocorre ao psicopedagogo o que costuma acontecer com todos nós. Se ele ajuda a analisar o discurso da lei nas escolas, muitas vezes não observa esse discurso em sua própria área, em sua própria matéria. Para citar um exemplo, lembraria a articulação difícil, mas fundamental, entre o diagnóstico e a intervenção psicopedagógica, seja na escola, seja na clínica. Em muitos momentos de nosso trabalho, o diagnóstico, por exemplo, funciona como discurso da lei, que fixa os limites das intervenções. Fixa, portanto, o que se pode fazer ou não. Por sua vez, as intervenções podem funcionar também no contexto da lei, quando os esforços de transformações não estão subordinados ao diagnóstico.

Realiza-se, então, o diagnóstico psicopedagógico dissociado dos procedimentos de intervenção; os objetos, os instrumentos, as estratégias, as atitudes são totalmente outras, porque dissociadas daquelas que presidiram a fase de diagnóstico. Ao mesmo tempo, o diagnóstico é tomado como um marco referencial, como uma estrutura que fixa os limites; que orienta por uma forma, às vezes boa, às vezes perigosa, o trabalho dos professores, o trabalho dos psicopedagogos. Perigosa, porque predetermina ou fixa até onde a criança pode caminhar. Em muitos momentos, tal subordinação ao diagnóstico pode definir o atendimento, sem considerar a criança, a escola, a família ou o profissional. Não sou contra o diagnóstico, mas contra essa atitude diagnóstica que opera no discurso da lei. Por exemplo, há profissionais que aplicam as provas clássicas de Piaget como se fossem testes de inteligência, como se o ser ou estar pré-operatório fosse algo insuperável, como se fosse destino da criança ser isso ou aquilo, como se as provas de Piaget fossem dissociadas dos conteúdos que cada uma delas avalia. Por isso mesmo, eu, que apliquei durante muitos anos as provas de Piaget, atualmente não as aplico. Meu desafio é fazer um diagnóstico operatório no contexto do jogo, na própria situação de intervenção; porque me parece difícil aceitar que uma estrutura ou esquema operatório, uma forma de pensar, possam ser dissociados de seus conteúdos. Por que Piaget, que trabalhou com tantas provas diferentes em seus conteúdos, sempre chegou a formas coincidentes em seus níveis de desenvolvimento, ou seja, pré-operatório, operatório concreto (ou intermediário), operatório formal? Em outras palavras, por que ele, que buscava os mesmos níveis estruturais, tinha que recomeçar seu trabalho a cada nova noção? É que, se a forma pode ser antecipável, enquanto significante, os conteúdos que a preenchem (seus significados) não o são. Para Piaget, a forma, tal como os conteúdos, não tem valor por si mesma. É que, para ele, há uma indissociação entre as duas coisas – forma e conteúdo. Por que com crianças tudo isso seria diferente?

Por outro lado, há psicopedagogos que trabalham as provas clássicas de Piaget como tarefas a serem ensinadas, como se fossem conteúdos escolares, por exemplo. Não sou, obviamente, contra suas boas intenções, mas creio que devemos fazer uma crítica sincera, ainda que dura, às formas de derivação dessas provas ou tarefas para uma prática psicopedagógica.

Como articular, como operar os invariantes, as estruturas da criança, que se deduzem no contexto de um diagnóstico, com as transformações que tentamos promover no contexto da intervenção? Como pensar uma coisa em relação à outra? Como fazer uma autocrítica? Como denunciar o não construtivismo dentro de nós mesmos? Como nos questionarmos sem medo ou vergonha?

Opera-se, também, no discurso da lei em psicopedagogia, quando, por exemplo, se faz uma dissociação entre os testes ou recursos instrumentais para o diagnóstico e as práticas de intervenção; quando se opera com o pressuposto da substituição de velhos e maus hábitos de trabalho, sem ser capaz, na situação propriamente dita, de regular seus diferentes aspectos.

Superar o discurso da lei supõe poder relacionar nossos pensamentos, os pensamentos das crianças, o diagnóstico, a intervenção, a família, a escola; enfim, os diferentes elementos que pertencem aos sistemas em que se está trabalhando.

Referências bibliográficas

APOSTEL, L. et alii. *Logique et équilibre*. Paris, Presses Universitaires de France. 1957.

BAUDRILLARD, Jean. *Da sedução*. Trad. Tânia Pellegrini. Campinas, Papirus, 1992.

INHELDER, B. et alii. *Le cheminement des découvertes de l'enfant: recherche sur les microgenèses cognitives*. Paris, Delachaux et Niestlé, 1992.

MACEDO, Lino de. Para uma psicopedagogia construtivista. In: Eunice S. de Alencar, org. *Novas contribuições da psicologia aos processos de ensino e aprendizagem*. São Paulo, Cortez, 1992. pp. 119-140.

PIAGET, Jean. *Le jugement moral chez l'enfant*. Paris, F. Alcan, 1932.

_____. *La formation du symbole chez l'enfant: imitation, jeu et rêve, image et représentation*. Paris, Delachaux et Niestlé, 1945.

_____. *Six études de psychologie*. Paris, Denoël Gonthier, 1964. Capítulo 4.

_____. *L'équilibration des structures cognitives, problème central du développement*. Paris, Presses Universitaires de France, 1975.

_____. *Ensaio de lógica operatória*. Trad. Maria Ângela Vinagre de Almeida. São Paulo/Porto Alegre. EDUSP/GLOBO, 1976.

_____. *Recherches sur les correspondances*. Paris, Presses Universitaires de France, 1980.

_____. *Le possible et le nécessaire*. V. 1 e 2. Paris, Presses Universitaires de France, 1983.

Para uma avaliação construtivista[1]

10

O propósito deste texto é analisar duas formas – indissociáveis, irredutíveis e complementares – de se fazer a avaliação da produção ou construção de um conhecimento na escola. Uma delas é a que analisa a criança como sujeito epistêmico e propõe uma análise estrutural. A outra é a que analisa a criança como sujeito psicológico (Inhelder *et alii*, 1992) e propõe uma análise funcional. Ambas baseiam-se no construtivismo de Piaget. Qual faces de uma mesma moeda, seu mérito talvez seja o de nos apresentar uma criança por inteiro, ou seja, simultaneamente universal e singular. Uma criança que, tendo direito e possibilidade de expressar seu conhecimento espontâneo (no sentido de próprio, singular) sobre as coisas, pode e quer articulá-lo com um conhecimento correspondente produzido pelos seus colegas, pelos adultos e pelo que foi acumulado pela sociedade em geral.

O construtivismo estrutural analisa e descreve o sujeito epistêmico, ou seja, aquela parte de nosso sistema cognitivo que, em condições iguais todos somos capazes de desenvolver. Classificar, seriar, abstrair, generalizar, manter invariâncias em um contexto de transformações etc., são necessidades universais, são operações que nos permitem interpretar (e por isso assimilar), por exemplo, a realidade física ou social, nossas próprias ações e as de nossos

---

[1]. Publicado *in: Educação e avaliação*. São Paulo, Instituto de Estudos Avançados, USP, v. 7, pp. 32-39, 1993.

semelhantes. O construtivismo funcional analisa e descreve o sujeito psicológico, ou seja, aquela parte de nosso sistema cognitivo que é da ordem do individual ou do singular, que é espacial e temporal, que tem problemas ou respostas específicas para cada um (indivíduo, grupo etc.) respeitadas as condições ou circunstâncias históricas que as geraram.

As quatro formas básicas de avaliação: O quê? Como? Por quê? Para quê?

Na escola, todos estamos envolvidos com a produção ou a discussão de respostas a estas quatro questões: o quê? como? por quê? para quê?

Responder ou formular perguntas na ordem de "o quê?" é comprometer-se com a identidade do objeto, do conceito ou da noção; é declarar-se podendo ou necessitando sintetizá-los por meio de um nome, uma frase, uma imagem que reúna, não importa em que nível de estruturação, aquilo que essas coisas são para nós. Surge, então, um problema crucial em termos de avaliação: o conhecimento da criança: aquilo que ela diz ou pensa que o objeto é *versus* o conhecimento que o adulto, o livro didático (referência do professor) ou sua comunidade dizem ou pensam sobre o mesmo objeto. Como ouvir a criança, principalmente no caso de divergências? Como articular os dois pontos de vista? Como convencê-la a retocar ou substituir sua imagem por outra melhor? Em uma posição construtivista o problema é, talvez, ainda maior porque se trata de transformar a ideia, a noção etc., na direção de sua melhor solução, conservando ao mesmo tempo sua identidade inicial, sua singularidade. Não esquecendo que essa "melhor solução" também é provisória, ainda que coletiva e historicamente produzida por seus especialistas.

Na busca incessante de respostas à primeira pergunta ("o que é isso?"), duas outras nos vêm em socorro: "como fazer?" e "por quê?".

De um ponto de vista funcional, os procedimentos, os modos de produzir um objeto qualquer, as soluções práticas, que implicam decisões espaço-temporais, a construção de caminhos que nos levam, satisfatoriamente ou não, ao encontro de resultados em função de um objetivo, são formas que ajudam a responder ou perguntar melhor sobre o que um objeto é. Ou seja, pelo que lhe é possível fazer, a criança pode atribuir, a seu modo, significados a esse objeto, cuja definição tornou-se um problema para ela. Surge, novamente, um problema crucial em termos de avaliação: as soluções práticas, os caminhos possíveis para a criança *versus* as formas (às vezes, únicas, talvez porque mais sintéticas ou otimizadas) dos professores ou da comunidade que ele representa. De que modo articular esses dois "comos"? Como convencer um aluno de que sua solução gera algo impossível ou contraditório no sistema (alfabético, aritmético etc.), ou seja, de que sua solução não é boa? Como produzir na sala de aula a diversidade de soluções para um mesmo problema? Como contrapô-las entre si e depois (se for o caso) sistematizar e se comprometer com aquilo que se configura como a melhor solução?

De um ponto de vista estrutural, as teorias, os mitos, as fantasias, as hipóteses explicativas, que tanto encantam as crianças, são base para o porquê das coisas. E encaixar algo em um sistema de significação é uma forma de defini-lo. Não são assim as teorias científicas, os paradigmas ou modelos pelo quais descrevem-se as propriedades de um objeto ou conceito? Nesse sentido, definir um objeto ou noção corresponde a inventar ou propor uma teoria, um conjunto, sistemático ou não, de significados a respeito deles.

Estrutura e função: uma comprometida com o porquê ou com a teleonomia (sua localização e direção em um sistema), e outra com o como (modos de produção de um objeto); são aspectos complementares, são formas de imaginar-nos ou definirmos o que (o objeto) é. Uma o define por seu lugar no sistema, outra pela metodologia de sua construção, descoberta ou invenção. Mas as teorias e metodologias infantis e as de um adulto educado cientificamente (como as que se pede que um professor represente na escola) são muito diferentes. As provas empíricas ou dedutivas de uma criança pré-operatória ou operatório-concreta são, pelas características de seu nível cognitivo (pelo jogo de necessidades e possibilidades dele), muito diferentes das de um pensamento hipotético-dedutivo ou formal, que é uma característica da metodologia científica. O mesmo vale para as teorias de representação do mundo pela criança por oposição àquelas do adulto cientificamente educado. Como coordenar esses dois pontos de vista? Como avaliar as produções infantis por esses dois parâmetros? Como não passar de um extremo (critério formal, adulto) ao outro (critério não formal, infantil)?

Há, ainda, na perspectiva funcional, uma outra pergunta muito importante na definição de um objeto ou conceito: a do "para quê" ou "para quem?" Qual o valor, a utilidade, o sentido deste objeto, conceito etc., para quem o aprende? Nesse sentido, aprender a ler, a escrever e a contar têm funções muito diferentes para uma criança, dependendo de sua classe social, pois anuncia possibilidades e necessidades futuras muito diferentes. Uma coisa é o valor científico, filosófico ou cultural de um conceito ou ideia, ou seja, seu valor estrutural ou teórico (sua importância dentro de um sistema); outra coisa é o valor pessoal, singular, funcional ou prático, desse mesmo conceito ou ideia para alguém em função de seu gênero, de sua classe social, das expectativas de uma vida melhor, dos sonhos e dos enganos que isso pode envolver ou anunciar: aprender na escola e continuar sendo explorado e violentado pela sociedade, pela vida, por exemplo. Como avaliar o "para que aprender" da criança? Como articulá-lo com sua necessidade científica ou curricular? Como convencê-la de que isso será bom para ela?

A partir das quatro questões formuladas acima podemos derivar outras comparações, entre os planos estrutural e funcional de uma mesma avaliação. Estas estão proposta no Quadro I. Nossa intenção é que possam desencadear no leitor uma discussão sobre sua validade e aplicação nos temas clássicos do contexto escolar, quando se discute o problema da avaliação (notas, seleção, aprovação, reprovação, material didático, seriação escolar, qualidade de ensino etc.).

Quadro I
Para uma análise estrutural ou funcional da avaliação no contexto escolar

Estrutural	Funcional
O quê? Identidade ou caracterização do objeto, da noção ou do conceito	*Como?* Os procedimentos, enquanto caminhos ou soluções que tornam um objeto possível
Por quê? Plano teleonômico ou do valor enquanto explicação causal (dimensão teórica)	*Para quê?* Plano teleológico ou do valor enquanto utilidade (dimensão prática)
Referência externa: Conhecimento da criança *versus* conhecimento do adulto (explicar/inventar paradigmas)	*Referência interna:* Meios adequados aos resultados em função dos objetivos (resolver problemas)
Dimensão inatual: Avalia o presente em função do passado ou do futuro	*Dimensão atual:* Avalia o presente, considerando as circunstâncias ou condições do momento
Plano da moral ou da norma: Certo X errado (erro formal que pede substituição por algo dentro dos limites)	*Plano da ética ou da regra:* Bem X mal, coerente X incoerente, ajeitado X desajeitado (erro construtivo que pede superação com manutenção interna dos aspectos anteriores, ou seja, diferenciação e integração)
Sujeito epistêmico: Universal, coletivo, compartilhável	*Sujeito psicológico:* Singular, individual ou específico
Avaliação em uma perspectiva descontínua: Pré ou pós, ou seja, do fim, do começo, dos limites, do dentro, do fora, da ordem (enquanto sequência)	*Avaliação em uma perspectiva contínua:* Durante o processo
Forma: Plano do desenvolvimento/plano do necessário (sujeito enquanto limitado por suas estruturas)	*Conteúdo:* Plano da aprendizagem/plano do possível (sujeito enquanto "o melhor que pode ser" dentro de suas estruturas)

Sobre o estatuto irredutível, complementar ou indissociável das perspectivas estrutural ou funcional da avaliação

Para analisar o estatuto irredutível, complementar ou indissociável entre as formas de avaliação estrutural ou funcional utilizaremos, ainda que de forma livre, as estruturas geométricas elementares, tal como descritas por Piaget & Inhelder (1948/1993) em suas pesquisas sobre a representação espacial da criança.

Propor que as avaliações estrutural e funcional são irredutíveis entre si significa aceitar que uma não se subordina à outra, uma vez que cada qual tem sua forma específica, inconfundível. Nesse sentido, correspondem à geometria euclidiana.

Propor que as avaliações estrutural e funcional são complementares entre si significa aceitar que se complementam e que uma só se realiza na perspectiva da outra: a análise funcional depende da estrutura e vice-versa. Nesse sentido, correspondem à geometria projetiva.

Propor que as avaliações estrutural e funcional são indissociáveis significa aceitar que essas duas perspectivas funcionam qual parte de um mesmo todo e que romper essa continuidade não é desejável. Correspondem nesse caso à geometria topológica.

A dimensão complementar ou projetiva corresponde ao aspecto crítico da avaliação porque significa poder analisar o que quer que seja, de diferentes pontos de vista. A dimensão irredutível ou euclidiana da avaliação corresponde ao aspecto aplicado da avaliação porque significa poder, de forma autônoma, compor e decompor as diferentes figuras do processo. Essa dimensão corresponde ao esforço psicopedagógico do processo avaliativo em que a dimensão pedagógica não é reduzida à psicológica, nem vice-versa, mas ambas podem ser sintetizadas em uma terceira figura que, ao negar as duas anteriores, inaugura uma forma nova de avaliação do processo de ensino-aprendizagem da criança. A dimensão indissociável ou topológica corresponde ao aspecto interativo da avaliação em que os diferentes recortes desse processo podem ser considerados como partes integrantes do mesmo todo.

Considerações finais

O leitor, que chegou até aqui, terá verificado que pouco foi discutido sobre questões práticas da avaliação no cotidiano da escola. Terá constatado que passamos ao largo das questões que envolvem decisões curriculares que dividem as opiniões dos professores. Questões clássicas que, nestes tempos construtivistas, estão sendo atualizadas e rediscutidas, pois soluções tradicionais agora já não satisfazem. Nos capítulos 8 e 11 já esboçamos algo a esse respeito. Nosso objetivo foi apenas o de propor dois pontos de vista básicos na produção do conhecimento – um estrutural e outro genético (ou funcional) – e, por esse meio, propor que, em uma abordagem construtivista, essas duas formas de conhecer devem ser coordenadas entre si, ou seja, sintetizadas, inclusive no contexto da avaliação escolar.

Sabemos que as mudanças de eixo são frequentes em educação. Os tempos de valorização de uma aprendizagem e, por isso, de uma avaliação formal dos conteúdos escolares são substituídos pelos tempos de valorização dos processos de conhecer. O construtivismo valoriza a mudança de perspectiva, de eixo de análise. Mas, simultaneamente, propõe uma coordenação dos pontos de vista (Piaget, 1967). Ora, sabemos que, em nome do construtivismo, há professores ou escolas que defendem uma avaliação tolerante com o domínio dos conteúdos, como se essa epistemologia só aceitasse uma avaliação na perspectiva das possibilidades cognitivas da criança. Creio que não é assim. É certo que a originalidade da proposta de Piaget foi pesquisar experimentalmente a evolução de noções (de um modo geral pertinentes à física e à matemática clássicas), que eram, até então, privilégio de adultos cientistas. Fazendo isso ele mudou o eixo de análise e descreveu "o quê?", o "como?" e o "por quê?" do pensamento de crianças, sobre noções ou conceitos fundamentais na escola, distribuídos segundo níveis hierárquicos de desenvolvimento. Mas Piaget simultaneamente considerou a perspectiva científica e ousou demonstrar a continuidade entres estes dois extremos; o pensamento da criança e o pensamento científico sobre determinado conceito, ou seja, coordenou esses dois pontos de vista. Desafio idêntico enfrentamos no dia a dia da sala de aula, inclusive na avaliação escolar.

Nosso objetivo neste texto foi problematizar a questão da avaliação escolar. Não temos respostas para as questões que foram aqui formuladas. E se as tivéssemos, apenas seriam algumas entre tantas outras. Ser construtivista é produzir conhecimento em um contexto em que o diálogo, a confrontação ou entrechoque de ideias estão sempre presentes. Não é assim no processo de desenvolvimento cognitivo da criança? Mal aprende a dominar seus esquemas motores, já começa a tarefa de nomeá-los e reconstituí-los simbolicamente. Mal consegue isso, já está descentrando seus pontos de vista e, de muitos modos, confrontando suas ideias ou sua prática com as de seus colegas, pais ou professores. É assim também na escola.

O que é avaliação? Como fazê-la? Por que fazê-la? Para que fazê-la? Como articular, enquanto aspectos irredutíveis, complementares e indissociáveis, sua perspectiva funcional ou estrutural? É esse o trabalho. Se o professor estiver atento a essas questões; se a escola dispuser de tempo e valorizar esse tema; se as crianças, os pais e outros agentes educacionais forem evolvidos nesse processo, muito há para se fazer e compreender. E avaliar.

Referências bibliográficas

INHELDER, Bärbel et alii. *Le cheminement des découvertes de l'enfant: recherche sur les microgèneses cognitives*. Paris, Delachaux et Niestlé, 1992.

PIAGET, Jean. Les courants de l'épstemologie scientifique contemporaine. In: ____, org. *Logique et connaissance scientifique*. Paris, Gallimard, 1967.

PIAGET, Jean & INHELDER, Bärbel (1948). *A representação do espaço na criança*. Trad. Bernardina Machado de Albuquerque. Porto Alegre, Artes Médicas, 1993.

Método clínico de Piaget e avaliação escolar[1]

11

Meu objetivo neste texto é analisar em uma perspectiva atual alguns aspectos do método clássico de pesquisa, adotado por Piaget e colaboradores, e defender sua importância no contexto dos procedimentos de avaliação e intervenção do "psicopedagogo" na sala de aula. Chamo, nesta situação, o professor de psicopedagogo porque quero valorizar sua preocupação com os processos de aprendizagem do aluno, com as dificuldades deste domínio dos vários "comos" (estudar, raciocinar, ler, escrever, resolver problemas etc). Se a didática ocupa-se com a "arte de ensinar", a psicopedagogia ocupa-se com a "arte de aprender". E ambas – extremos de um mesmo contínuo – sintetizam o trabalho criativo e transformador destes dois atores (o professor e o aluno) tão fundamentais e muitas vezes tão preteridos na escola.

I. A perspectiva da criança

Avaliar o que pensa ou faz a criança quando, no cotidiano do nosso trabalho em sala de aula, propomos a ela tarefas, requer, entre outras coisas, que possamos considerá-la a partir de sua perspectiva.

---

1. Publicado in: Psicopedagogia. São Paulo, nº 23, pp. 10-15, 1992. Publicado, também, in: Idéias. São Paulo, nº 19, pp. 47-55, 1993

Como reage a criança ao trabalho escolar? Piaget (1926/1947) em seu clássico trabalho sobre método clínico indica cinco reações principais, valorizando duas delas como as representativas de uma conduta significativa da aprendizagem ou desenvolvimento da criança. As reações indicadas por ele são as seguintes: (1) "*não importismo*", (2) fabulação, (3) crença sugerida, (4) crença espontânea e (5) crença desencadeada.

Como analisá-las no contexto atual de pesquisa e ensino?

"Não importismo"

Piaget (1926/1947) toma essa expressão de empréstimo a Binet e Simon, dois psicólogos conhecidos e importantes para a Psicologia Aplicada à Escola no começo do século XX. Eis como Piaget define o *"não importismo"*:

> Quando a pergunta feita aborrece a criança ou, de maneira geral, não provoca nenhum esforço de adaptação, a criança responde qualquer coisa e de qualquer forma, sem mesmo procurar divertir-se ou construir um mito. (p. 12)

Quero insistir nos termos-chave da caracterização de Piaget: aborrecimento, nenhum esforço de adaptação e ainda responder qualquer coisa de qualquer forma, não se divertir e nem construir um mito. Não serão essas as atitudes mais comuns de muitos de nossos alunos diante das tarefas escolares? O professor observa isso, mas o que ele faz ou sabe fazer para alterar tal situação?

Aborrecimento refere-se ao horror, ao ódio do aluno à aprendizagem escolar. Esta causa-lhe enfado. Deprime-o. Trata-se de uma atitude afetiva, que valoriza mais o afastamento do que a aproximação do estudo. Nenhum esforço de adaptação refere-se ao pouco uso, mesmo dos minguados recursos que o aluno tem, para resolver o problema que lhe é proposto. Trata-se de uma atitude cognitiva que subutiliza um conhecimento disponível, que não arrisca, que não tenta, que não pesquisa. A menor dificuldade já é motivo para "cruzar os braços", para desistir. Responder qualquer coisa e de qualquer forma é a estratégia mais simples e imediata, para ficar livre do conflito que – em vão – o professor tenta estabelecer.

Nesse simplismo não cabe o divertimento, que supõe envolvimento, alegria, interesse; nem a construção de mitos, que supõe usar a imaginação, ousar, pensar, inventar uma resposta, mesmo que falsa. Penso ser importante para o professor poder avariar a utilidade ou possibilidade de um trabalho pedagógico, quando se depara com reações como essas. Não será o mesmo que "malhar em ferro frio"? Penso, também, que – infelizmente – o "*não importismo*" muitas vezes é a principal ou única reação do professor ao seu trabalho. Ser capaz de fazer essa autoavaliação é, quem sabe, um começo de revisão desse problema.

Fabulação

Esta reação, ainda que primitiva e insuficiente à aprendizagem escolar, é mais positiva que a anterior. É assim que Piaget (1926/1947, p.12) a caracteriza:

> Quando a criança sem mais refletir responde à pergunta inventando uma história em que não credita, ou na qual crê, por simples exercício verbal, dizemos que ocorre fabulação.

Defendo que essa reação é superior à anterior, porque aqui já se observa alguma ocupação da criança com a atividade proposta. É certo que ela não raciocina sobre aquilo que fala ou escreve, que apenas "chuta", que fala por falar, que "representa", mas não interpreta o papel; "faz de conta", quando solicitam algo sério, reage quando lhe pedem para agir. É possível que, se isso for avaliado e analisado pelo professor, a criança possa evoluir para a atitude seguinte.

Crença sugerida

Para Piaget (1926/1947, p. 16):

> Quando a criança esforça-se para responder a uma questão, sem que esta lhe seja sugestiva, ou quando a criança busca simplesmente contentar o examinador, sem considerar sua própria reflexão, dizemos que há crença sugerida.

Na caracterização de Piaget chamam a atenção os seguintes aspectos: a pergunta não é da criança ou não lhe interessa: por isso mesmo ela responde na perspectiva do examinador (ou do professor, no nosso caso) e não na sua própria. É o que acontece com o filho que, querendo agradar ao pai, porque sabe que ele gosta ou quer isso, renuncia a si mesmo. Sua pergunta é outra. Sua resposta é outra. No "espelho" ele não vê a si mesmo, mas aquele a quem precisa agradar. São os "bonecos falantes", os "papagaios" retirados de sua "selva" e que não podem imitar de forma criativa, mas apenas subordinadamente.

É tão importante aprendermos a reconhecer a criança, seus conhecimentos, suas estruturas, suas hipóteses, quanto avaliar se está podendo ser ela mesma em sua própria perspectiva. E cabe a nós – o que é muito – ajudá-la nisso. Segundo Piaget, nós o fazemos de dois modos: "sugerida" ou "desencadeadamente". Só o segundo modo ele aprova, pois o primeiro, como vimos, se é bom para nós, talvez não o seja para o desenvolvimento de nossas crianças.

Crença desencadeada

Eis como Piaget (1926/1947, p. 17) caracteriza esse tipo de reação:

> Quando a criança responde com reflexão, extraindo a resposta de seus próprios recursos, sem sugestão para ela, dizemos que há crença desencadeada. A crença desencadeada é influenciada necessariamente pelo interrogatório, pois a simples maneira como a questão é colocada e apresentada à criança força-a a raciocinar em uma certa direção e a sistematizar seu saber de um certo modo; mas ela é contudo um produto original do pensamento da criança, pois nem o raciocínio feito pela criança para responder à questão, nem o conjunto dos conhecimentos anteriores que utiliza a criança durante sua reflexão são diretamente influenciados pelo experimentador. A crença desencadeada não é, portanto, nem espontânea nem propriamente sugerida: ela é produto de um raciocínio feito sob comando, mas por meio de materiais (conhecimentos da criança), imagens mentais, esquemas motores, pré-ligações sincréticas etc. e de instrumentos lógicos originais (estrutura de raciocínio, orientações do espírito, hábitos intelectuais etc.).

Penso que, nestes dias de Piaget X Vigotsky, diante da polêmica: valorizar a atividade espontânea da criança X valorizar a ajuda vinda de um colega ou professor, é fundamental distinguir uma ajuda que favoreça a crença sugerida de uma que favoreça a crença desencadeada na criança. Quantos de nós, no contexto da sala de aula, podemos avaliar se estamos fazendo uma coisa ou outra?

Para Piaget, como vimos em sua caracterização, a crença desencadeada é muito importante. Ela abre ou fecha elos, quem sabe perdidos ou ignorados pela criança. Nessa corrente ou anéis que cria, pelas perguntas ou falas dos outros (seu professor ou colegas), a criança pode produzir ou constatar algo que, sem eles, não faria por si mesma. Mas, o que faz – graças à ajuda do outro – é dela, é produto de algo que pensa ou em que acredita. A pergunta, ou instigação, veio de nós, mas a resposta é criação dela. Aqui ela representa um papel, que também criou, por meio da singularidade de sua interpretação. Há troca e complementaridade de funções.

Quando avaliamos, o que avaliamos? Aquilo que a criança realmente pensa sobre o problema, ou aquilo que nós lhe sugerimos que respondesse mas que nada tem a ver com ela? Ajudamos a criança quando, por tantas sugestões, a impedimos de agir (com erro ou acerto) por si mesma?

Nestes tempos de Vigotsky estamos sendo, com toda razão, convidados a rediscutir o lugar que ocupamos na aprendizagem da criança. É muito importante poder avaliar o tipo de ajuda que estamos dando a ela. Penso que Piaget nos ajuda quando valoriza o papel do outro na crença desencadeada, inclusive quando nos adverte sobre os problemas de fazê-lo na perspectiva da crença sugerida. Que pai ou professor não gosta de sugerir? Quem não se sente aliviado com esse tipo de pseudoajuda em que a criança é anulada em nome de seu próprio "bem"?!

Crença espontânea

Essa é a última e mais importante das crenças da criança, segundo Piaget; aquela em favor da qual vale qualquer esforço ou investimento nosso. O que avaliamos é agora patrimônio da conduta da criança, algo que pertence a ela, um real instrumento de troca da criança, o qual não podemos tirar dela; é com isso que ela cria, reinventa, redescobre e interpreta o mundo, opera as transformações, reconhece e mantém as invariâncias.

Para evitar más interpretações quanto ao que disse acima, lembremo-nos deste quaterno: biológico X social e individual X coletivo, tão polêmico e manipulado de tantas maneiras, na prática e na teoria; que sintetiza nosso mundo, o que somos como pessoas ou como espécie. Como sempre, esse quaterno expressa-se unitariamente (podem-se considerar cada um de seus termos independentemente dos outros), binariamente (podem-se combiná-los dois a dois) ou ternariamente (podem-se considerar simultaneamente o biológico/coletivo/individual). Podemos, por exemplo, valorizar mais o social e o coletivo, mas todos os termos são importantes. O biológico nos lembra nossa origem material e orgânica, com seus limites e possibilidades estruturais e funcionais; e o social, em qualquer tempo ou lugar, terá sempre que levar isso em consideração. O biológico expressa-se individualmente (pela idade, raça, sexo, constituição física, orgânica etc.) ou coletivamente (nossa espécie em seu atual estágio evolutivo). O biológico lembra-nos que o outro pode tudo, menos ser por nós mesmos, que nossa ação estará sempre atravessada por nós, que ninguém pode pensar, olhar etc., por nós. Só pode fazê-lo associativa ou analogicamente; ou seja, por uma aproximação externa, mas nunca logicamente; ou seja, de "dentro". O social lembra-nos nossa origem simbólica e cultural. Lembra-nos que, de fato, a linguagem condensa todo o patrimônio dos conhecimentos de uma cultura; que tudo está nela, que é no social (jogos, por exemplo) que conquistamos nossa humanidade e nos tornamos cidadãos e seres de (a) cultura. Podemos, igualmente, pensar o social na perspectiva do indivíduo (nosso nome, valores, costumes etc.) ou da coletividade (códigos e regras que orientam a conduta de qualquer um).

A crença espontânea, segundo minha leitura, indica que algo, resultante do biológico, social e coletivo, pertence agora àquela criança e sintetiza suas necessidades e possibilidades instrumentais (afetivas, cognitivas etc.) de ser e agir no mundo. Mas, atentemos, sem qualquer outro comentário, para o que disse Piaget (1926/1947, p. 17 e 18) sobre a crença espontânea e a importância, no contexto de uma avaliação, de isolarmos daquela a influência externa ou apenas sugerida pelo outro:

> Enfim, quando a criança não tem necessidade de raciocinar para responder à questão, mas pode dar uma resposta imediata à questão porque já formulada ou formulável, há crença espontânea. Há, portanto, crença espontânea quando a questão não é nova para a criança e quando

a resposta é fruto de uma reflexão anterior e original. Excluímos naturalmente deste tipo de reação, como de resto de cada uma das precedentes, as respostas influenciadas pelos ensinamentos recebidos anteriormente ao interrogatório. Há aí um problema distinto, e naturalmente muito complexo, que consiste em distinguir, nas respostas recebidas, o que provém da criança e o que foi inspirado pela companhia adulta.

Nas cinco reações consideradas, lembramos aspectos que, para Piaget, são fundamentais quando se interroga a criança sobre o que pensa dos fenômenos da natureza ou de sua própria vida, por exemplo. São reações fundamentais também para se ter um critério mais seguro do valor das respostas nas famosas provas operatórias de Piaget. Nestas, contudo, prevalece a crença desencadeada, uma vez que é o experimentador quem coloca as situações-problema e observa ou discute com a criança sobre as ideias dela ou sobre as hipóteses de trabalho dele, como analisaremos no próximo item.

O interesse em expor aqui essas exigências de Piaget para o resgate de um genuíno pensar da criança é que elas nos colocam questões cujas respostas, no cotidiano da sala de aula, só conhecemos como algo depreciativo de nosso trabalho ou de sua produção escolar. Por exemplo:

- quando avaliamos a criança, o que avaliamos?
- Como reagimos aos tão frequentes "*não importismo*" e fabulação?
- Como separar aquilo que veio de nós, professores, e que a criança repete por mera sugestão (será esquecido logo mais ou permanecerá dissociado de outras aprendizagens), daquilo que passou a ser instrumento de compreensão e de trabalho escolar da criança, mesmo que desencadeado por nós ou por um colega dela?

II. A Perspectiva do Professor ou Psicopedagogo

O bom experimentador deve, efetivamente, reunir duas qualidades muitas vezes incompatíveis: saber observar, ou seja, deixar a criança falar, não desviar nada e, ao mesmo tempo, saber buscar algo preciso, ter a cada instante uma hipótese de trabalho, uma teoria verdadeira ou falsa para controlar (Piaget, 1926/1947, p. 11).

No item anterior, analisamos modos de avaliar as reações das crianças às situações estudadas por Piaget. Nossa hipótese é que elas seriam úteis ao professor interessado nas diferentes formas por meio das quais a criança se relaciona com a aprendizagem, pois poderiam ser transferidas à situação de sala de aula. Saber observar, deixar a criança falar, não desviando nada, nem confundindo aquilo que ela realmente pensa com o que apenas repete de nós ou de outro, mas que não lhe faz sentido, são também qualidades do bom professor. Mas tal como acontece com o experimentador, isso às vezes é considerado incompatível com o "saber buscar algo de preciso, ter a cada instante uma hipótese de trabalho, uma teoria verdadeira ou falsa, para controlar". O próprio professor ou psicopedagogo deve estar atento para a importância de tudo isso quando assume uma alfabetização apoiada, por exemplo, na perspectiva fundamentada e pesquisada por Ferreiro & Teberosky (1986).

Repetindo uma vez mais, "saber buscar algo de preciso, ter a cada instante uma hipótese de trabalho, uma teoria verdadeira ou falsa, para controlar" supõe (além de saber observar) saber o que perguntar, saber o que problematizar no contexto dos conteúdos e das atividades que o professor necessita valorizar na sala de aula. Imitando, igualmente, uma vez mais aquilo que foi importante, teórica e experimentalmente para Piaget e colaboradores, retomarei aqui as principais perguntas que estes faziam ao avaliar os níveis e os processos de desenvolvimento da criança nas milhares de situações analisadas por eles. Penso que isso pode ajudar o professor a avaliar sua atuação em sala de aula, no sentido de poder qualificar respostas desencadeadas na criança que, para Piaget, produzem conhecimento. As perguntas a serem consideradas são as seguintes: observação, reconstituição, antecipação, comparação e explicação. Por último, farei um comentário sobre a difícil e necessária arte de o professor saber, não só propor situações-problema à criança, como também analisar os erros ou as diferenças que ocorrem quando ela aceita enfrentá-los. Nesse sentido, como tornar o erro um observável para a criança? Como diferenciar erros internos a um sistema de modelos explicativos mais ou menos fortes ou potentes? Como valorizar as diferenças entre opiniões, estratégias ou explicações? Como reconhecer, com sinceridade, que a teoria da criança tem o mesmo valor que a nossa (nós que representamos o conhecimento acumulado e admitido socialmente como o melhor), mas que enquanto prova ou valor instrumental é assistemática, contraditória, pouco explicativa etc.?

Observação

Observamos pouco a criança, porque para fazê-lo melhor temos que nos recolher no silêncio de quem olha para ver, de quem ouve para escutar, de quem pode contemplar e admirar o outro, apenas para saber o que ele pensa ou faz. Para isso precisamos de tempo e condições para não nos preocuparmos demais com aquilo que diremos ou faremos a seguir. Um observar, que produz conhecimento, exige uma atividade nada passiva de interpretar aquilo que é dado contemplar. A observação é condição para a arte do refletir.

Reconstituição (Atual ou Retroativa)

Quem ler as pesquisas de Piaget e colaboradores constatará o valor que eles atribuíam ao solicitar à criança que descrevesse as ações que estava realizando ou que já havia realizado. Saberá a criança transformar em palavras, imagens etc., algo correspondente ao que fez no plano das ações? Saberá transformar o que seu professor ou livro disseram, em palavras ou imagens (dela)? Em que nível de exatidão ela faz isso? Avaliar o quanto e como a criança reconstitui suas ações, as de seu professor, de seus colegas, ou de seus materiais é uma pesquisa fundamental na escola.

Antecipação

Antecipar é tão importante para o desenvolvimento da criança e para sua aprendizagem escolar quanto recorrer ao passado ou ao presente reconstituindo-os no plano simbólico. Aliás, antecipação e recorrência consideradas simultaneamente definem, para Piaget, a qualidade reversível de uma ação, que por isso mesmo torna-se operatória (ou seja, transformadora, porque logicamente necessária e possível). Antecipar supõe operar o futuro no presente.

Planejar, projetar, pré-corrigir erros etc., deduzir algo ainda não ocorrido, mas sobre o qual se pode concluir (por exclusão ou qualquer outro argumento), são ações fundamentais à aprendizagem escolar da criança. O professor ajuda quando propõe à criança que ouse imaginar o resultado de uma situação, faça estimativas, comprometa-se com uma resposta sobre a qual a experiência anterior só pode lhe dar algumas pistas.

São indicadores preciosos do desenvolvimento ou aprendizagem da criança: avaliação dos critérios que utiliza para realizar antecipações e sua segurança ou não ao fazê-las.

Comparação/Verificação/Contraposição

Outro procedimento muito utilizado por Piaget e colaboradores (Piaget & Inhelder, 1941/1971; Piaget & Szeminska, 1941/1975) em suas pesquisas é o de criar um "diálogo" na situação experimental, tal que a criança diante de dois pontos de vista ou duas respostas, tenha que se decidir por um deles. Refiro-me aos famosos "Uma outra criança me disse que..."; "Tem mais massinha na bola ou salsicha..." etc. Esse também é um procedimento avaliativo muito importante na sala de aula.

Explicação/Justificativa

Sobre esse procedimento basta-nos uma simples lembrança: os famosos "porquês", os "como você sabe?" etc., marca registrada das entrevistas que Piaget e colaboradores faziam com as crianças e de qualquer situação avaliativa. Mas, aqui, quero chamar a atenção para o também famoso "não sei" como resposta. O que ele significará naquela situação, para aquela criança: suspensão de juízo? dúvida? não quer falar? tem medo de ser avaliada? tem medo de errar?

Em síntese, busquei deliberadamente neste texto analisar alguns aspectos da situação de avaliação, nem sempre valorizados quando se discute esse tema:
- Consideram-se mais as respostas (certas ou erradas) das crianças do que a qualidade de suas reações às situações ou perguntas que lhes fazemos.

- Dá-se mais atenção ao acerto e ao erro das crianças, com referência àquilo que o livro ou a teoria defendem, do que à qualidade e à variedade das intervenções do professor, bem como ao movimento de pesquisa ou de produção de conhecimento que essas intervenções desencadeiam na criança.
- Considera-se "o que" e "como" corrigir e não "o que" e "como" observar (na perspectiva da criança) ou "o que propor" como questão (na perspectiva do professor). Minha suposição é que em uma alfabetização apoiada nas propostas de Ferreiro & Teberosky (1986) esses novos olhares sobre a avaliação são fundamentais, porque orientam a postura do professor de um outro modo. Minha suposição – dada a importância que Piaget teve no trabalho dessas autoras – é que o método clínico adotado por ele nos ajuda a valorizar a produção escolar da criança de um modo diferente e, talvez, mais instigante.

Referências bibliográficas

FERREIRO, Emília & TEBEROSKY, Ana. *Psicogênese da língua escrita*. Trad. Diana Myriam Lichtenstein *et alii*. Porto Alegre, Artes Médicas, 1986.

PIAGET, Jean. (1992) *La représentation du monde chez l'énfant*. Paris, Presses Universitaires de France, 1947 (nova edição).

PIAGET, Jean & INHELDER, Bärbel (1941). *O desenvolvimento das quantidades físicas na criança*. Trad. Christiano Monteiro Oiticicca. Rio de Janeiro, Zahar, 1971.

PIAGET, Jean & SZEMINSKA, Alina (1941). *A gênese do número na criança*. Trad. Christiano Monteiro Oiticicca. Rio de Janeiro, Zahar, 1975.

Desafios construtivistas ao professor[1]

12

Utilizo o termo desafio no sentido correspondente ao do contexto de um jogo de regras: vencer o jogo ou o adversário, tendo que, para isso, vencer-se a si mesmo, ou seja, superar (negando por ampliação ou aprofundamento) aspectos que se revelaram insuficientes para uma aposta (a de vencer) aceita pelo jogador.

Uma das apostas mais valorizadas por um professor é a de ensinar aos seus alunos, no contexto das muitas regras que ele tem que respeitar. Mas, como sabemos, nesse jogo ele enfrenta muitos desafios. Neste texto, minha proposta é a de lançar (melhor seria dizer relançar) dois deles na perspectiva do construtivismo de Piaget (1967). Espero que os professores, eventuais leitores deste texto, aceitem-nos. E estou torcendo por sua vitória.

1. O desafio: público X privado ou público X palco

O desafio de um professor nos longos e difíceis anos de sua formação é tornar privado aquilo que vai aprendendo de seus mestres, dos

---

1. Publicado in: Idéias. São Paulo, nº 20, pp. 23-, 1993.

livros, de sua prática pedagógica etc. Chamo de privado o desafio de tornar seu, de se apropriar, adotando (bem ou mal) como uma forma de conduta aquilo que ele apreendeu dos outros e da vida. Mal consegue isso e já é hora de inverter a situação: agora seu desafio é tornar público – para seus alunos – o que sabe sobre tantas coisas (língua portuguesa, matemática, conduta moral etc.).

O comentário acima nos leva a uma discussão sobre o desafio de tornar público algo privado (de uma pessoa, grupo de pessoas ou de uma cultura). Por outro lado, leva-nos para o desafio de tornar privado algo que antes só era público. De Piaget & Inhelder (1966) retiro uma contribuição para esse desafio: a de reconstruir, enquanto um compartilhamento ou cooperação. De fato, é sempre um desafio reconstituir em um plano algo que se sabia em outro plano. Sabemos o quão desafiante é transformar em palavras escritas aquilo que na fala dominamos tão bem! Ao mesmo tempo, o quão difícil é nomear as coisas que nosso corpo sente ou faz! Reconstituir é difícil porque nos desafia a criar uma linguagem nova (por exemplo, a escrita), para algo já conhecido em outra (por exemplo, na fala). E na nova linguagem criada, estruturar as coisas de modo que possamos reconhecer nela o que já conhecíamos na outra.

O desafio de reconstituir um plano em outro, vale a pena porque nos possibilita compartilhar com nós mesmos ou com outros algo que antes – bem ou mal – só existia em seu próprio plano. Nesse sentido, por exemplo, contar um sonho para alguém é compartilhar aquilo que antes era um segredo da nossa noite. Quando um professor compartilha com colegas uma parte do seu trabalho, tem, para isso, que enfrentar o desafio de reconstituí-la de uma outra forma, tornando público o que antes era privilégio dele e de seus alunos. Nesse sentido, compartilhar é o mesmo que cooperar, ou seja, operar simultaneamente em dois planos. É coordenar pontos de vista; é articular aspectos internos e externos à sala de aula.

Um desafio complementar ao do público X privado é o do público X palco. Estar em um palco é estar visível para uma plateia, para um público. Em tais circunstâncias o público está "passivo", ainda que atento a tudo aquilo que se faz no palco. A passividade atenta é condição para uma atividade fundamental na perspectiva de Piaget: tornar algo criticável por intermédio da descentração

(Piaget & Inhelder, 1966). Descentração, na medida em que o público ou plateia projeta no palco suas ideias e pensamentos; concorda ou discorda; faz associações ou comparações; ri, chora, aprende, confunde-se, faz projetos, tematiza. Em outras palavras, o público se critica criticando o outro, que no palco tornou algo visível para ele. Não é isso que acontece com o professor? Em suas aulas, ele é um artista que, bem ou mal, representa os muitos personagens que a escola, a família, a sociedade lhe pedem para ser. Os alunos ao vê-lo naquele palco identificam-se com ele, aprendem com ele, saindo de sua única perspectiva, vendo-se naquele espelho chamado professor e, ao fazê-lo, criticam-no e criticam-se. Desse modo, o "*não importismo*" de um aluno desligado, as conversas ou risadas inoportunas, o olhar brilhante e ávido por aprender, a admiração, as perguntas inteligentes ou não, o desencanto, a reprovação etc., são diferentes modos de o aluno dizer, ao professor e a si mesmo, como está sua relação com o processo de ensino-aprendizagem. Reciprocamente, quando um professor escuta seus alunos "com ouvidos de escutar", considera seus pontos de vista, discute com eles, contesta suas formas de resolver os problemas etc., nesse momento se coloca como plateia e torna visível para si o que seus alunos estão podendo representar no palco. Nós, professores, durante muitos séculos, só aprendemos a nos conhecer enquanto palco. O desafio construtivista é o de também nos podermos ver enquanto plateia!

Como falamos em crítica, talvez seja interessante comentar duas atitudes diante dela. A primeira e mais primitiva é a de ver o outro, que pensa ou age diferente de nós, como um inimigo ou um estrangeiro, que "matamos" antes mesmo de sermos a ele apresentados. Quando povos primitivos, ou pertencentes a uma cultura muito fechada tinham tal atitude, era compreensível, uma vez que sobreviver com uma tecnologia pouco desenvolvida, uma natureza difícil e muitos adversários, requer cuidados; e nesse caso convém tratar o desconhecido como um inimigo potencial e fazê-lo calar, antes que tenha oportunidade de dizer qualquer coisa.

A segunda atitude diante da crítica é a que nos ensina o jogo. Para vencer um adversário temos que conhecê-lo muito bem, dominar suas estratégias, poder antecipar seus passos, conhecer suas teorias. Penso que, às vezes, valorizamos na sala de aula os pensamentos e as respostas de nossos alunos na primeira perspectiva, ou seja, como algo que não tem lugar. O desafio que proponho é vê-las sob o ponto de vista do jogo, ou seja, é conhecê-las bem para combater suas eventuais inconsistências para poder compará-las com o que nossa sociedade acumulou sobre o tema em discussão. Para isso, as dialéticas público X privado ou público X palco, nos termos aqui esboçados, são muito importantes.

2. O desafio de aprender algo como conteúdo e de ensiná-lo como forma

O que quero tratar nesse segundo desafio é comparável ao primeiro, só que de outra maneira. Aprender significa abstrair um conteúdo no contexto de algo apresentado como forma. Forma, porque as coisas só se apresentam assim, definidas dentro dos limites que, bem ou mal, lhe dão sentido. Mas a forma – ela mesma – só pode ser apreendida como um conteúdo, que depende de outra forma.

Para tentar esclarecer a dialética entre formas e conteúdos e lançá-las como um outro desafio construtivista ao professor, utilizarei o esquema adotado por Piaget para analisar as relações entre correspondências e transformações. Para isso, tomarei apenas o exemplo clássico da prova de classificação, analisando-a segundo minha leitura do esquema seguido por Piaget.

Na metade esquerda do esquema propõe-se (por intermédio da setas verticais) que uma forma (F) depende funcionalmente dos conteúdos (C1, C2, C3) e ao mesmo tempo (por intermédio das setas horizontais) que há uma transferência de um conteúdo para outro. Na metade direita, propõe-se que as formas (F1, F2, F3) dependem funcionalmente, na perspectiva vertical, de um conteúdo (C), abstraído a partir do que é comum a elas (o que é representado por intermédio das setas horizontais). Como interpretar isso no contexto da prova de classificação?

```
      F              F1   F2   F3
     /|\              \   |   /
    / | \              \  |  /
   /  |  \              \ | /
  C1  C2  C3              C
  Correspondências     Transformações
```

(F = formas / C = conteúdos)

(Retirado de Piaget, 1980, p. 10)

Classificar é uma forma (F) de estruturar as coisas, de defini-las como sendo ou não aquilo que o sujeito escolheu como critério ou referência para sua classificação. Mas, enquanto forma, a classificação só existe representada nos conteúdos (C1, C2, C3). Ou seja, quem classifica, classifica alguma coisa e essa alguma coisa tem um conteúdo, uma história, uma singularidade. Classificar objetos que vivem na água, como comestíveis ou não, é muito diferente de classificar objetos que vivem na terra, também como comestíveis ou não, apesar de que – enquanto forma – trata-se de realizar a mesma operação: separar, por afirmação ou negação, a qualidade comestível desses objetos, quaisquer que sejam. Assim, a perspectiva vertical das setas, em que a mesma forma (F) relaciona-se singularmente com diferentes conteúdos (C1, C2, C3), lembra-nos o caráter indissociável da forma em relação ao conteúdo e vice-versa. O plano horizontal das setas representa o que se passa de um conteúdo para outro, isto é, o que é generalizável entre eles. É a própria classificação, cuja forma (F), segundo Piaget & Inhelder (1966), só se "apura" para qualquer conteúdo no pensamento formal ou hipotético-dedutivo. Piaget (1980) chama a isso de correspondência porque a forma (F) não está diretamente nos conteúdos (C1, C2, C3). É o sujeito, por sua ação classificadora, quem atribui uma forma a esses conteúdos os quais graças a isso podem ser, correta ou incorretamente, definidos por ela (ser ou não comestíveis, no caso de nosso exemplo). E o sujeito só pode fazer isso por um trabalho de correspondência, em que os objetos são operados como tendo ou não uma determinada qualidade.

Consideremos a metade direita da Figura 1. Aquilo que chamamos de conteúdos C1, C2 ou C3, devem agora ser considerados como F1, F2 ou F3. Isso porque um conteúdo (peixe, ostra, marisco ou porco, galinha, boi, para ficar no exemplo proposto acima) só existe se definido enquanto uma forma, ou seja, se organizado enquanto uma totalidade. Ora, nessa perspectiva a relação apresenta-se invertida. Agora trata-se de abstrair-se de F1, F2, F3 (e esse é o desafio que a natureza propõe ao garoto que mora na praia ou no sertão, por exemplo) aquilo que – por mais diferentes que sejam estas formas ou objetos – é comum a todas elas, ou seja, sua qualidade comestível. O abstrair, simbolizado pelas setas horizontais, precisa ser coordenado com a relação particular de F1, F2 ou F3 com C, simbolizado pelas setas verticais. Daí o termo transformação, porque de fato se trata de retirar das formas algo que não lhes pertence enquanto particular, mas apenas enquanto algo geral e comum a um conjunto de formas diferentes. O geral só pode ser retirado, na perspectiva de Piaget, da coordenação geral das ações que o sujeito atribui a cada uma das formas e a todas elas ao mesmo tempo. Em nosso exemplo, esse conteúdo é o esquema de comer, enquanto forma de classificar um objeto.

Penso que os comentários acima são ao menos suficientes para dar sentido ao que chamei de desafio de aprender algo como um conteúdo e de ensiná-lo como forma. Quando um professor estuda textos (F1, F2, F3) de Piaget ou de seus comentadores sobre o construtivismo, está diante do desafio de retirar deles um conteúdo (C) – por exemplo, o que é o construtivismo? – e, assim, poder considerá-lo como uma forma (F) de trabalhar os diferentes conteúdos (C1, C2, C3) na sala de aula. Quando um professor estuda as pesquisas e as teorias de Ferreiro e Teberosky (1979), está construindo conteúdos a serem aplicados como uma nova forma de proceder ao ensino da leitura e da escrita na sala de aula e no contexto de conteúdos diferentes daqueles considerados por essas autoras. O mesmo vale para os alunos; estes terão que, a partir das diferentes propostas (F1, F2, F3), retirar um conteúdo: como escrever ou ler? – que será em seguida considerado como uma melhor forma de eles lerem ou escreverem as coisas que na sua vida precisarão ser lidas ou escritas.

No capítulo 2 desenvolvi, de forma alegórica, este eterno desafio construtivista de coordenar dialeticamente formas e conteúdos.

Referências bibliográficas

FERREIRO, Emília & TEBEROSKY, Ana. *Los sistemas de escritura em el desarrollo del niño.* Cidade do México, Siglo Veintiuno, 1979.

PIAGET, Jean. Les courants de l'épistémologie scientifique contemporaine. In: ____, dir. *Logique et connaissance scientifique.* Paris, Gallimard, 1967.

_____. *Recherches sur les correspondances.* Paris, Presses Universitaires de France, 1980.

PIAGET, Jean & INHELDER, Bärbel. *La psychologie de l'enfant.* Paris, Presses Universitaires de France, 1966.

Aprendizagem da criança pré-escolar: a perspectiva de Piaget[1]

13

Analisar a aprendizagem da criança pré-escolar na perspectiva de Piaget implica, de imediato, ter em conta que esse autor escreveu sobre o desenvolvimento da criança e não sobre sua aprendizagem. Qual a diferença entre desenvolvimento e aprendizagem? Para Piaget a aprendizagem refere-se à aquisição de uma resposta particular, apreendida em função da experiência, obtida de forma sistemática ou não. O desenvolvimento seria uma aprendizagem no sentido lato, sendo o responsável pela formação dos conhecimentos. Por isso, Piaget interessou-se muito mais em descrever e analisar o desenvolvimento da criança do que suas aprendizagens (Piaget & Gréco, 1959/1974).

Segundo Piaget (1975), a criança pré-escolar encontra-se em uma fase de transição fundamental entre a ação e a operação, ou seja, entre aquilo que separa a criança do adulto. Além disso, a fase de transição corresponde a uma preparação para o período seguinte (operatório concreto).

O que caracteriza o período pré-escolar, enquanto fase de transição? Trata-se de um período que Piaget chamou de pré-operatório

---

1. Publicado in: Idéias. São Paulo, nº 2, pp. 47-51, 1988.

e que tem características bem demarcadas no processo de desenvolvimento (Piaget & Inhelder, 1966/1982). Esse período localiza-se entre o sensório-motor e o operatório-concreto. Creio que seja útil aos professores saber o que significa cada um desses três períodos para que possam apreciar a direção do desenvolvimento psicológico na perspectiva de Piaget. Saber de onde a criança vem e para onde vai, em termos de desenvolvimento é, em uma perspectiva genética, tão importante quanto saber onde ela está, ainda que um aspecto não anule o outro.

O período sensório-motor caracteriza-se pela construção de esquemas de ação que possibilitam à criança assimilar objetos e pessoas. Além disso, é também marcado pela construção prática das noções de objeto, espaço, causalidade e tempo, necessárias à acomodação (ajustamento) desses esquemas aos objetos e pessoas com os quais interage. Tem-se aí um processo de adaptação funcional pelo qual a criança regula suas ações em função das demandas de interação, compensando progressivamente, sempre no plano das sensações e da motricidade, as perturbações produzidas pela insuficiência dos esquemas no processo de interação.

O período sensório-motor refere-se a uma inteligência prática, que coordena, no plano da ação, os esquemas que a criança utiliza. Por isso mesmo, corresponde a um contato direto (sem representação, pensamento ou linguagem) da criança com objetos ou pessoas. Nesse período, a criança constrói (sempre em termos práticos) os esquemas de ação e as categorias da realidade, graças à composição de uma estrutura de grupo de deslocamentos. Os esquemas vão, pouco a pouco, diferenciando-se e integrando-se, ao mesmo tempo em que o sujeito vai se separando dos objetos podendo, por isso mesmo, interagir com eles de forma mais complexa. A esse respeito, convém lembrar a noção de objeto permanente e suas consequências no processo de desenvolvimento (Piaget, 1936/1970).

O término do período sensório-motor coincide com uma novidade, extremamente importante para o desenvolvimento da criança, que é a sua nova capacidade de substituir um objeto ou acontecimento por uma representação. A função simbólica, para Piaget, é o que possibilita essa substituição. E ela significa que, então, a criança é capaz de duplicar objetos ou acontecimentos por meio de uma palavra, gesto, lembrança, ou seja, é capaz de evocá-los. Trata-se de uma novidade importante porque a interação limitada, ainda que intensa, do período sensório-motor, dá lugar à interação mediada por imagens, lembranças, imitações diferidas (na ausência do objeto ou acontecimento), jogos simbólicos, evocações verbais, desenhos e dramatização. Esta é a novidade específica do período pré-operatório: poder representar; ter que substituir objetos ou acontecimentos por seus equivalentes simbólicos; agir agora "como se", ou seja, por simulação (Piaget & Inhelder, 1966/1982).

O que foi dito acima não significa que a criança tenha abandonado o plano da ação em favor da representação. Os professores da pré-escola sabem muito bem que a criança entre dois e seis anos explora ativamente, por meio da ação, e que sua inteligência manifesta-se cada vez mais e melhor nesse plano. O que observamos nesse período é, de um lado, a presença paralela das representações e, de outro, a crescente melhoria delas, mormente no campo de regulações perceptivas e intuitivas. Em outras palavras, a criança nesse período sofistica a atividade sensório-motora (corre, pula, afasta-se cada vez mais de seu ambiente familiar, pode deslocar-se em casa ou na escola com precisão etc.) e ao mesmo tempo constrói progressivamente a possibilidade e a necessidade de representar ou simular situações.

Como a criança estrutura suas ações no plano das representações no período pré-operatório? A resposta que Piaget deu a essa pergunta é que nesse período a criança estrutura as representações de forma justaposta, sincrética e egocêntrica. Seu raciocínio é transdutivo e sua compreensão é de natureza intuitiva e semirreversível. A justaposição caracteriza-se pelo fato de que a criança liga as palavras, as imagens, as representações entre si de forma analógica, ou seja, com base em um "assim como" (semelhanças e diferenças) e não em um "se então" (implicação). As ideias ficam colocadas lado a lado, ou seja, por contiguidade, correspondendo a estados e não a transformações. E não existe, ainda no plano da representação, nenhuma ligação temporal, causal ou lógica (Piaget, 1923/1959). A criança sabe fazer, mas não compreende o que faz, no sentido de poder, independentemente do corpo, reconstruir o que faz no puro plano da representação; ainda não é capaz de organizar (estruturando as partes entre si e formando um todo) suas representações, como sabe organizar suas ações. As ligações são então de natureza justaposta, isto é, analógica. Veja-se, por exemplo, as coleções figurais no plano da classificação, ou a separação em grande e pequeno no plano da seriação. O sincretismo é a tendência de a criança no período pré-escolar ligar tudo com tudo, de perceber globalmente, isto é, não saber discriminar detalhes, de realizar analogias entre coisas sem fazer uma análise detalhada delas. Daí o caráter egocêntrico do pré-operatório, ou seja, é difícil, por falta de recursos cognitivos da criança desse período, sair de seu ponto de vista e operar, diferenciando e integrando, os estados e as transformações das coisas.

Tomemos um exemplo clássico de Piaget. A criança, tendo admitido que dois copos têm a mesma quantidade de água, deixa de pensar assim quando se transvasa o conteúdo de um deles para outro recipiente de dimensões diferentes (uma tigela, por exemplo). Confunde a forma dos recipientes (uma dimensão) com quantidade de líquidos dentro deles (outra dimensão), tal que, mudando-se uma, altera-se igualmente a outra, sem que nada tenha sido acrescentado ou tirado (Piaget & Inhelder, 1941/1971). Ao dizer que tem a mesma quantidade na primeira comparação, antes do transvasamento, e ao dizer que tem maior na segunda, faz justaposição. Ao confundir as duas dimensões (forma e quantidade) faz sincretismo. Justaposição e sincretismo são dois modos diferentes de a criança ser egocêntrica. Seu pensamento vai então de um particular a outro, não sendo capaz de estabelecer ligações entre os estados. Como se fossem *slides* diferentes e não um "filme", em que a situação anterior e a seguinte estão ligadas entre si. Por isso a criança deste período não vê contradição entre responder que os dois copos têm o mesmo tanto de água e na situação seguinte, sem que se tenha tirado ou posto mais água, dizer que tem mais no copo que na tigela, ou o contrário. Para compreender que há a mesma quantidade, isto é, que as mudanças na forma (de um copo para outro) são irrelevantes no que diz respeito à quantidade, que permaneceu a mesma, a criança há de ser capaz de fazer uma coisa que lhe é ainda impossível no plano da representação. Poder fazer isso a colocaria no período seguinte – o operatório concreto. A criança pré-escolar sabe tirar e pôr, mas só sabe fazer isso no plano da ação. Mas poder imaginar o "tirar e pôr" implicaria realizar a ação no plano apenas virtual, isto é, das possibilidades. Nós compreendemos que há o mesmo tanto de água no copo e na tigela porque não se pôs e nem se tirou a água; se se tivesse tirado teria ficado menos, ou o contrário. Supomos uma ação que não se realizou como argumento para dizer que ficou igual. Ora, a criança pré-operatória ainda não é capaz disso, as ações com sentido para ela são as que realiza ou vê realizarem; por isso confunde estados e não acompanha transformações irrelevantes para uma dada dimensão (a quantidade, no nosso exemplo) (Inhelder & Piaget, 1955/1976).

Reversibilidade é a capacidade de considerar simultaneamente uma ação e sua inversa, ou sua equivalente, ou uma ação realizada e uma não realizada (virtual ou apenas possível). As ações físicas (materiais) que a criança, no período pré-operatório, realiza muito bem, ocorrem sucessivamente (uma depois da outra, já que, em espaço, tempo, objetos e acontecimentos definidos) e não ainda simultaneamente, pois para isso ela terá que aprender a opor uma ação material e uma ação virtual (realizável, mas não realizada naquele momento). Por isso, Piaget diz que no período operatório concreto os estados estão submetidos às transformações reversíveis. A esse respeito, o período pré-operatório é, não apenas um período de transição, mas também preparatório, uma vez que é graças a ele que a criança se prepara para operar com símbolos, ou seja, constrói os recursos que lhe possibilitará compreender, isto é, realizar ações mentais (operações reversíveis).

Aplicações à Pedagogia

1. As considerações que fizemos são de natureza psicológica, ou seja, descrevem o desenvolvimento da criança no período pré-operatório. O professor precisa de mais do que isso: quer saber o que fazer com essas informações e como derivar delas uma prática pedagógica. Supomos que esta é uma primeira decorrência: a teoria de Piaget tem um valor de compreensão do processo de desenvolvimento da criança, ou seja, pode instrumentalizar o professor para que possa fundamentar sua prática e compreender a importância dela no cotidiano da sala de aula.
2. Julgamos ter abordado, ainda que resumidamente, a importância das atividades sensório-motoras e as de natureza

representativa (jogo simbólico, dramatização, linguagem, memória, imagem mental, desenho) para o desenvolvimento da criança. Tais atividades são propiciadas pelo ambiente pedagógico da criança do período pré-operatório? Os materiais que o professor oferece facilitam a atividade de seriação, classificação, enumeração, correspondência? A criança dispõe de jogos (mecânicos ou de construção) para que, pouco a pouco e de modo espontâneo, possa desenvolver suas noções de causalidade? O professor desperta a curiosidade da criança e a estimula na pesquisa com os materiais? O professor faz perguntas, desencadeia problemas ou dá soluções? O professor busca novas maneiras de estimular a atividade da criança, mudando de método à medida que ela faz novas perguntas ou imagina novas soluções? Quando as soluções da criança são erradas ou incompletas, o professor propõe contraexemplos ou atividades alternativas e sugestivas ao problema, possibilitando à criança encontrar novas soluções por meio de sua própria atividade? Para Piaget, um dos principais objetivos da educação pré-escolar deveria ser o de ensinar a criança a observar os fatos cuidadosamente, em especial quando estes são contrários aos previstos por ela. Em outras palavras, observar, perguntar, interpretar e registrar (ao modo da criança desse período, obviamente) são atividades fundamentais no pensamento de Piaget (1975).

3. A natureza preparatória e transitiva do período pré-escolar sugere a importância de as crianças desse período terem muitas atividades com seus pares, ou seja, é fundamental a formação de grupos de crianças, coordenados ou não pelo professor, mas de preferência sem a interferência deste, para que possam brincar, falar, discutir, resolver problemas práticos entre si. A passagem da ação à operação exige a possibilidade de a criança reconstruir suas ações no plano da representação, descentrar-se de seu próprio ponto de vista ou de sua ação, enfrentar o julgamento e aceitar a cooperação do grupo. Por isso, Piaget acredita que o segundo aspecto importante da educação pré-escolar é o desenvolvimento de habilidades de comunicação. Isto é, não basta mais à criança realizar ações; é preciso que fale delas para outrem, que as reconstitua por via narrativa e que aprenda a descrevê-las por intermédio de palavras, quadros e desenhos. Por isso,

do ponto de vista da socialização da criança como de seu desenvolvimento intelectual, é importante que tenha experiência de trabalho em equipe (Piaget, 1975).

4. Defender a atividade espontânea da criança, a vida em grupo, a manipulação e experimentação com materiais, não significa que o professor deva ser permissivo e passivo diante dela. Não significa também dar-lhe lições e usar de sua autoridade para determinar o curso dos acontecimentos. Como diz Piaget (1975): "compreender, sempre significa inventar ou reinventar, e cada vez que o professor dá uma lição, ao invés de possibilitar que a criança aja, impede que ela invente as respostas" (p. 69).

5. Mas, o que se reivindica para a criança há também de ser reivindicado para o professor? Ou seja, tem ele liberdade e responsabilidade para inventar ou experimentar suas próprias técnicas, para defender seus pontos de vista? A autonomia da criança e seu desenvolvimento no sentido de formar um pensamento operatório, reversível, graças ao qual poderá compreender e optar, determinando seu destino, só é possível se o professor puder desenvolver também sua própria autonomia, se puder defender seus pontos de vista e sua experiência na sala de aula. Práticas governamentais que determinam o que o professor deve fazer na sala de aula, a teoria vigente para explicar e compreender o desenvolvimento, apesar das boas intenções – promover a melhor educação da criança – pode resultar em fracasso. Espero, por isso, que ao lado deste texto, o professor escreva o "seu", tirado de sua experiência e reflexão sobre sua prática, e que, ao fazer isso, corrija, aperfeiçoe, acrescente e reformule ambos os "textos".

Referências bibliográficas

INHELDER, Bärbel & PIAGET, Jean (1955). *Da lógica da criança à lógica do adolescente*. São Paulo, Pioneira, 1976.

PIAGET, Jean (1923). *A linguagem e o pensamento na criança*. Rio de Janeiro, Fundo de Cultura, 1959.

_____. (1924). *O raciocínio na criança*. Rio de Janeiro, Record, 1967.

_____. (1936). *O nascimento da inteligência na criança*. Rio de Janeiro, Zahar, 1970.

_____. (1937). *A construção do real na criança*. Rio de Janeiro, Zahar, 1970.

_____. (1959) Aprendizagem e conhecimento. In: Jean Piaget & Pierre Gréco. *Aprendizagem e conhecimento*. Rio de Janeiro, Freitas Bastos, 1974.

_____. Como se desarrolla la mente del niño. In: ____ et alii. *Los años postergados: la primera infancia*. Paris, Unicef, 1975.

PIAGET, Jean & INHELDER, Bärbel (1941). *O desenvolvimento das quantidades físicas na criança*. Rio de Janeiro, Zahar, 1971.

_____. (1966). *A psicologia da criança*. São Paulo, DIFEL, 1982.

Piaget e algumas questões de psicologia educacional[1]

14

Desenvolvimento e aprendizagem

Uma tomada de posição sobre as relações entre desenvolvimento e aprendizagem é necessária ao professor, tendo em vista as implicações que isso representa em sua prática pedagógica. Há autores, por exemplo Piaget (1959/1947), que subordinam a aprendizagem ao desenvolvimento. Há outros, como Vygotsky (1987) por exemplo, que defendem o contrário.

O que Piaget entende por desenvolvimento e aprendizagem? Que relações estabelece entre ambas? Por que faz sentido, pelo modo como define aprendizagem, subordiná-la ao desenvolvimento? Nossos comentários serão feitos em torno dessas perguntas.

Aprendizagem é um termo muito amplo e complexo; um termo fundamental para nós, professores, dado nosso compromisso

---
1. Publicado *in*: Piaget e Vygotsky: *Implicações educacionais*. Coordenadoria de Estados e Normas Pedagógicas, Secretaria da Educação, São Paulo, pp. 3-13. 1990.

institucional de ensinar as matérias escolares aos nossos alunos. Aprendizagem refere-se de um modo geral, à aquisição de uma conduta, ao domínio de um procedimento, à conquista de algo que passa a ser patrimônio de nossa ação; refere-se a algo específico, não importando sua amplitude. A aprendizagem refere-se a uma aquisição contextual e historicamente determinada. A aprendizagem refere-se ao domínio do que pertence à ordem do arbitrário, ou seja, que sem ela poderia não ocorrer de forma espontânea. Por isso mesmo, a aprendizagem é sempre da ordem do contingencial, tal que dois elementos, antes separados, possam se associar por contiguidade espacial ou temporal. Assim, para que uma aprendizagem ocorra, faz-se necessário um trabalho deliberado, convergente, de verdadeira doutrinação. Tome-se, por exemplo, a formação de hábitos sociais. Cada cultura tem seus valores, suas práticas particulares quanto à alimentação, vestuário, modos de se cumprimentar ou despedir etc. Por consequência, coisas aprendidas podem ser esquecidas ou substituídas por outras; por isso mesmo, o empenho no reforço das associações que queremos preservar, ou a punição por suas desconsiderações parciais ou totais. O condicionamento, a formação de hábitos, a repetição, o exercício etc., são, portanto, necessários a esse tipo de aprendizagem. Mas Piaget (1979) não escolheu trabalhar essas questões e inclusive tem críticas de natureza epistemológica e metodológica a elas.

Piaget preocupou-se com uma aprendizagem, cuja aquisição é da ordem do espontâneo, do geral e do necessário; aprendizagem que possibilita a construção de coordenações, primeiro no plano do corpo, depois no plano do pensamento. Preocupou-se com a pesquisa daquilo que nos possibilita o desenvolvimento operatório, com a construção de estruturas físicas ou mentais que nos possibilitam a construção de conhecimentos, que são da ordem do universal. Aprender a quantificar, classificar ou seriar, por exemplo, são domínios da ordem do universal, ainda que suas construções ocorram sobre conteúdos particulares no espaço ou no tempo. É claro que um menino do sertão aprende a classificar manipulando objetos ou resolvendo problemas diferentes daqueles de um menino da praia. Mas o que importa a Piaget é que a estrutura das classificações dos dois meninos terá a mesma forma, ou seja, estará subordinada às mesmas leis de composição. Aprender uma estrutura lógica será fundamental para qualquer um, não importa onde.

Essa aprendizagem *lato sensu*, como diz Piaget (Piaget & Gréco, 1974), é diferente das aprendizagens mencionadas acima. Não se tratará mais, neste último caso, de dominar um procedimento particular, por exemplo efetuar um adição desta ou daquela forma, mas de dominar o esquema operatório que subjaz em qualquer uma e que determina as leis das transformações efetuadas. Obviamente tudo que é da ordem do estrutural só existe encarnado em algo que é da ordem do particular, enquanto procedimento ou linguagem.

Os estudos de Piaget e colaboradores sobre a questão da possibilidade de se aprender uma estrutura operatória ocorrem a partir da década de 50. Dois desses textos devem ser citados: o que publicou em 1959 com Gréco, sob o título de *Aprendizagem e conhecimento* e que Inhelder, Sinclair e Bovet publicaram em 1977, sob o título de *Aprendizagem e estruturas do conhecimento*. Esses trabalhos, mormente o primeiro, desencadearam centenas de pesquisas em várias partes do mundo (Macedo, 1975). Mas, antes de considerarmos a questão da aprendizagem de uma estrutura operatória, como, por exemplo, a da classificação, seriação ou conservação, talvez seja importante caracterizarmos o que seja uma estrutura operatória ou lógica. Esta existe quando temos um conjunto de elementos e uma relação entre eles, tal que esta tenha uma forma que obedeça a certas leis de composição, como por exemplo a retroação, a antecipação. Retroação porque a situação presente recorre à passada em termos de coerência, isto é, implicação e necessidade. Antecipação porque a situação presente leva em conta a futura em termos de coerência, isto é, pré-correção dos erros e projeção; por isso igualmente implicação e necessidade. Em outras palavras, uma estrutura operatória é sempre reversível porque coordena, dentro dos limites de sua força, simultaneamente os três tempos da ação (presente, passado e futuro). Além disso, essa ação realiza-se em contexto de conservação ou invariância. Consideremos, por exemplo, uma conta de subtração. A invariância ou conservação está no compromisso de "pagarmos" devidamente os empréstimos efetuados nas unidades com relação às dezenas, nestas, com relação às centenas; e assim por diante, tal que, qualquer transformação interna no número seja devidamente compensada ou anulada para que a alteração das partes não afete o todo, isto é, o valor numérico inicialmente dado. As retroações ou antecipações, isto é, os "pagamentos" e "empréstimos", ao transformarem as relações, possibilitam que se faça uma subtração antes impossível (por exemplo, na conta 245 – 179 = 066). No plano das coordenações motoras ocorre o mesmo. Dizer que uma criança sabe engatinhar significa dizer que aprendeu a coordenar os braços e pernas alternadamente, tal que, ao movimento do braço esquerdo, por exemplo, segue-se o da perna direita, depois o do braço direito e depois o da perna esquerda. O que implica dizer também que na ação atual o movimento já realizado e o que se fará a seguir são articulados em prol da eterna conservação de um esquema em X (Piaget, 1978). Organizar os dois esquemas citados, o que possibilita uma subtração, ou um engatinhar, implica superar o caos inicial em que as coisas ocorriam por simples justaposição, sincretismo ou associação. O estatuto operatório da ação ou do pensamento depende de uma qualidade particular das relações que os presidem, o que Piaget chama de reversibilidade. Esta consiste, como vimos, numa organização espaço-temporal das ações, na qual o aspecto espacial responde pela simultaneidade e o temporal pela sequência; ambos necessários e internamente dados.

Voltemos à pergunta: é possível ensinar a alguém uma estrutura operatória? Por exemplo, como ensinar uma criança a decidir sequência de contas que ela necessariamente deve fazer para resolver um problema aritmético? Como ensinar uma criança a escrever, ou seja, compor um discurso com ideias estruturadas no espaço e no tempo do texto, seja ele narrativo ou dissertativo? Qualquer problema ou texto implica uma estrutura nesse sentido lógico, reversível, antecipatório, retroativo, implicativo, que relaciona internamente entre si os elementos a serem ordenados, classificados ou mantidos no contexto dessas transformações que produzem a solução do problema ou a produção do texto. O mesmo vale para a compreensão da história, da geografia, das ciências. Insisto: é possível ensinar essa estruturação lógica ou operatória, graças à qual a criança domina as matérias escolares? Muitos tentaram ensinar uma estrutura lógica, como por exemplo a de classificação, seriação ou quantificação. Minha tese de doutorado, por exemplo, foi sobre esse assunto (Macedo, 1973). O resultado encontrado e que coincide com o de muitos outros, sendo inclusive a conclusão principal do livro de Inhelder, Bovet e Sinclair (1977), foi que a intervenção é favorável, mas depende do nível de desenvolvimento da criança quanto àquela noção. Em outras palavras, a aprendizagem depende do desenvolvimento. Exercícios, discussões, estabelecimento de conflitos etc., contribuem para o desenvolvimento das estruturas, mas não têm o poder de estabelecê-las sem levar em conta as possibilidades prévias da criança. Ou seja, há um efeito desencadeador, que otimiza o desenvolvimento, mas com a condição deste ser valorizado o tempo todo.

Defendemos que Piaget deu grande contribuição à escola a partir desse seu modo de analisar as relações entre aprendizagem *stricto sensu* e aprendizagem *lato sensu* (desenvolvimento). O fato é que a escola interessa-se por estes dois tipos de aprendizagem: a aprendizagem de hábitos sociais relativos ao estudo, à conduta na sala de aula e à aprendizagem, que é da ordem do geral, do aprender a pensar, classificar, relacionar. Tudo isso aplicado a diferentes matérias. Na medida em que Piaget interessa-se pelos mecanismos ou processos que interferem na passagem de um nível ao seguinte, fundamentais à escola, entendemos porque esta se volta, criticamente ou não, para sua obra. Desse modo, basta-nos apenas lembrar o quanto, atualmente, professores dedicados ao ensino de ciências têm utilizado as pesquisas de Piaget sobre a psicogênese de noções fundamentais a essa área. Sabe-se hoje que, bem ou mal, o professor de ciências precisa fazer dialogar seu modelo de ciência com aquele espontaneamente construído pela criança na elaboração de seu universo prático (Piaget 1937/1965). As fases descritas por Piaget correspondem e antecipam muitos desses modelos, ajudam o professor a entender as dificuldades da criança e orientam-no quanto aos caminhos a serem percorridos. Poderíamos dizer que nós professores temos pelo menos dois objetivos: favorecer a construção de esquemas, quando a criança não os tem (ensinar um analfabeto a ler ou escrever, por exemplo), e favorecer a substituição de uma explicação ruim por outra melhor, ou seja, que corresponda àquela da ciência atual. A teoria de Piaget – esta é nossa hipótese – pode ajudar-nos nesses dois casos. Lembremo-nos que, para o autor que trabalha em uma perspectiva de aprendizagem, interessa a especificação dos princípios que regulam a aquisição de uma conduta em qualquer nível, não importando nem mesmo diferenças entre espécies. Para um autor, como é o caso de Piaget, que trabalha em uma perspectiva de desenvolvimento, é sempre importante estudar a história ou embriologia deste ou daquele conceito ou estrutura.

Pensamento e linguagem

Como tantos autores, Piaget começou (na década de 20) a pesquisar o pensamento por meio da linguagem (Piaget, 1923/1961). Como tantos autores, partiu da premissa de que o homem é *sapiens*, porque é *loquens*. Assim, começou seus trabalhos em psicologia (antes já era doutor em malacologia, um ramo da história natural, que pesquisava desde os nove anos e que nunca abandonaria) partindo desta ideia tão antiga, que é a de depositar na fala o instrumento fundamental do pensamento da criança. Durante duas décadas (entre 20 e 40) publicou livros, apoiados basicamente, naquilo que as crianças respondiam durante as entrevistas. Há, é claro, nesse período, as publicações revolucionárias em sua obra, tanto do ponto de vista metodológico quanto teórico, relativas a *O nascimento da inteligência na criança* (Piaget, 1936/1970) e à *A construção do real na criança* (Piaget, 1937/1965), a partir das pesquisas com seus três filhos.

Uma das primeiras publicações de Piaget em psicologia, como lembramos, é sobre *A linguagem e o pensamento da criança* (Piaget, 1923/1961). Nesta relata uma série de observações sobre fala espontânea – egocêntrica ou socializada – sobre "técnicas" de comunicação entre crianças, nas quais uma criança explica para outra o funcionamento de um dispositivo mecânico etc. Outro tipo de pesquisa clássica que Piaget realizou, e que aliás o introduziu na psicologia, foi a utilização de testes verbais de raciocínio, como os de Burt, ou de problemas aritméticos, ou de entrevistas com crianças sobre problemas naturais etc. (Piaget, 1924/s.d.). Tudo isso, e muito mais, pode ser apreciado nos seus quatro livros, hoje clássicos: *A linguagem e o pensamento na criança* (1923/1961), *A representação do mundo na criança* (1926/1947), *A causalidade física na criança* (1927) e *O julgamento e o raciocínio na criança* (1924/s.d.). Em todas essas obras – insistimos – a pesquisa baseia-se em entrevistas nas quais a fala da criança tem um lugar fundamental. A partir da década de 40 até sua morte em 1980 a ênfase será outra; terá a marca daquilo que já tinha sido inaugurado nos dois trabalhos citados e que ele realizou com seus filhos. Ou seja, a partir de 1940 a ênfase será ouvir a criança em situações experimentais que acontecem diante dela e que envolvem problemas sobre noções físicas ou matemáticas, principalmente. Quanto se apresenta, por exemplo, para uma criança dez varetas de diferentes tamanhos e se pede para ela ordená-las observando o sistema que utiliza para isso, não é mais possível dizer que a linguagem é o único ou principal aspecto que está sendo valorizado. É claro que as explicações verbais da criança, suas justificativas etc., terão, em qualquer pesquisa um valor fundamental, mas serão sempre falas relativas a um contexto experimental manipulativo que dirige e orienta as respostas verbais.

O abandono da pesquisa por uma técnica cem por cento verbal deveu-se também a uma constatação de Piaget, que nós professores observamos e da qual sofremos as consequências todos os dias na sala de aula. O pensamento verbal da criança é, durante muitos anos, pelo menos até sua adolescência, marcado pelo que Piaget chamou de animismo, realismo ou artificialismo. Nesse sentido, os livros O raciocínio na criança (Piaget, 1924/s.d.) bem como A representação do mundo na criança (Piaget, 1926/s.d.) são bastante atuais porque descrevem modos de pensar da criança, quando esse pensamento só se apoia no verbal, que podemos observar todos os dias na sala de aula. Animismo é aquele tipo de pensamento que projeta vida ou movimento a todas as coisas, o que torna caótica qualquer explicação causal. Realismo é aquele tipo de pensamento animista que confunde, por exemplo, o objeto com sua representação, obrigando a criança a defender que a palavra "boi" é maior que a palavra "tartaruga", já que boi é muito maior que tartaruga. Artificialismo é aquele tipo de pensamento que localiza no homem ou em algo equivalente a origem de todas as coisas. O que, de novo, desorganiza qualquer esforço de explicação causal da criança. Nos livros de Piaget citados acima temos ilustrações e análises brilhantes a esse respeito, em muitas áreas que nos interessam como professores – por exemplo, matemática, física, geografia, biologia, língua.

Em O julgamento moral na criança (1932/1977), Piaget analisou as implicações das formas de pensamento da criança no plano das relações interindividuais. A consequência prática é que – caso apoiada somente no plano verbal – a criança resistirá ao esforço do professor em lhe ensinar as diferentes matérias e apresentará uma reação que não corresponde às suas reais possibilidades de compreensão, quando confrontada com situações mais concretas ou experimentalmente dadas. Foi o que constatou Piaget. As crianças, entre 7 e 14 anos, que observou em A *representação do mundo na criança* (Piaget, 1926/ s.d.) e em *O desenvolvimento das quantidades físicas na criança* (Piaget, 1941/1971) são muito diferentes. As primeiras pensam animicamente; as segundas, pelo menos as maiores de 9 ou 10 anos, têm noção de conservação, sabem seriar etc. O problema é que nós professores nem sempre sabemos propor tarefas escolares em um nível experimental; só o sabemos em um nível exclusivamente verbal, ou seja, em uma perspectiva de adulto e não de criança.

As observações acima nos levam a defender que, uma grande conclusão presente em qualquer obra experimental de Piaget é que, até os dez ou doze anos, ou seja, até a entrada no período formal ou hipotético-dedutivo, o pensamento operatório da criança só se aplica ao plano concreto, isto é, àquilo que pode ser vivenciável pela ação. Realidades que só existem no plano verbal, no plano do discurso, ou transformações que só existem enquanto hipóteses, estas não podem ser pensadas operatoriamente pela criança. Daí decorre a importância, em uma perspectiva cognitiva, de se trabalhar com a criança em contextos concretos, por exemplo, utilizando jogos de regras, situações-problema, circunstâncias da realidade vivida etc. Apoiada nisso a criança pode observar seus erros, enfrentar conflitos, experimentar alternativas, problematizar ou criticar seus pontos de vista; tudo isso realizado obviamente pela mediação de seu professor ou de seus colegas. Com crianças mais velhas ou adultos a linguagem em si mesma tem, cada vez mais, um papel fundamental e pode ser veículo da construção de conhecimentos de valor operatório. De novo lembramos que, pelo menos na perspectiva de Piaget, não se trataria de uma linguagem qualquer. A linguagem "autoritária", que não considera a voz do outro com quem se fala, será sempre promotora de subserviências e nunca de um pensamento mais evoluído. Uma linguagem calcada na reciprocidade, que leva em consideração as diferentes perspectivas dos que falam, que aceita – como regra – possibilidades de revisão total ou parcial dos pontos de partida, que valoriza a necessidade de justificar ou demonstrar para o outro o que se defende, que busca coerência ao longo do discurso, favorecerá, mais do que a anterior, o diálogo e o desenvolvimento cognitivo. Obviamente estamos referindo-nos a situações extremas e idealizadas. As falas reais entre as pessoas circulam entre esses dois extremos e as possibilidades de transformação no contexto das interações dependerão sempre de outros aspectos. Mas com as duas imagens – a fala autoritária e a embasada na reciprocidade – quisemos lembrar mais uma vez que, para Piaget, a estrutura ou a forma que articula um conjunto de elementos será sempre fundamental, porque qualificará, de diferentes modos, possibilidades ou não de transformação.

A ênfase na ação, em um pensar apoiado nela, que caracteriza a teoria de Piaget, por oposição de um outro, sempre apoiado no verbal, conduz-nos à análises epistemológicas que orientam essas duas posições. Pode-se argumentar que o mundo ocidental é muito marcado por duas tradições sobre o conhecimento, que são o empirismo e pré-formismo. Ambos podem ser vistos como faces de uma mesma moeda, pois complementam-se. O pré-formismo defende uma ideia de verdade como revelação, que se expressa em aparências, em coisas nunca perfeitas. O empirismo defende a ideia de verdade como transmissão que se expressa pelo trabalho de quem sabe sobre quem não sabe. Se uma verdade que foi revelada é tida como perfeita, e por isso divina, nossa tarefa só pode ser a de transmiti-la bem, sem erros ou diversificações. No caso da escola, por exemplo, se cabe aos cientistas encontrarem ou descobrirem as verdades na natureza, escondidas na fenomenologia das coisas, cabe aos professores transmitirem tais verdade reveladas, da forma mais fiel e correta possível. Decorre disso a importância de ensinar corretamente, da linguagem rigorosa tanto quanto possível, do não "suportar o erro", da rotulação, da programação, do material instrucional etc., sempre presentes em profissionais que adotam essas perspectivas.

Piaget adota uma epistemologia diferente do pré-formismo/empirismo. Além disso, constata-se ao longo de sua obra um esforço constante em dialogar, contestar, criticar, isto é, para estabelecer sua posição contraposta ao pré-formismo ou ao empirismo. Isso implica, creio, um reconhecimento do valor empirismo/pré-formismo como fundamento da pesquisa e teoria nas mais diferentes áreas do conhecimento humano e do quanto Piaget desejava propor algo diferente. A essa proposta alternativa Piaget (1967) chama construtivismo, e toda sua obra é um esforço deliberado para defendê-la e comprová-la experimentalmente.

Em uma discussão sobre as relações entre pensamento e linguagem, é importante para Piaget o lugar da ação, por oposição ao da linguagem, como acontece na matemática, por exemplo. Há pessoas que pensam que por estarem as estratégias para solução de problemas de matemática embutidas na linguagem, são linguagem também e se transmitem por essa via. Há, ainda, pessoas que defendem a ideia de que o número inteiro seja uma construção social, uma pura linguagem. É como se a matemática não tivesse uma contrapartida em algo que não pertence à linguagem, porque é estruturante das relações (ações ou operações) entre as coisas. É como se as relações quantitativas não presidissem também as relações entre objetos ou ações e fossem apenas construtos verbais. É como se a matemática não fosse produto de regularidades que pessoas, em diferentes partes do mundo, e em diferentes épocas, abstraem de suas ações físicas ou das ações observadas entre objetos. Essas abstrações mais cedo ou mais tarde são expressadas verbalmente e serão transmitidas por práticas sociais que as fixarão como um patrimônio da cultura. Esse fato não deveria autorizar, entretanto, o esquecimento de sua origem na ação, fonte primeira desses conhecimentos. Aliás, a linguagem é ela mesma uma ação, e para Piaget é esta última que cria o conhecimento a ser fixado como linguagem ou gesto corporal. A sintaxe, por exemplo, é a ação estruturada de posicionar palavras na frase dando-lhes sentido de discurso. Ordenar palavras é tanto ação quanto é ação ordenar varetas.

Podemos superar essa polêmica, ação X linguagem, tendo em conta algo comum a ambas – sua significação, tema do último livro de Piaget e Garcia (1987). É a significação espaço-temporal das palavras ou ações que nos permite atribuir-lhes um sentido. Com relação às palavras, por exemplo, os professores sabem como é necessário que as crianças considerem os "cheios" (sinais linguísticos propriamente ditos) e os "vazios" (espaços em branco) das palavras ou do texto. Os esquemas operatórios, que são coordenações motoras verbais, em verdade são esquema de significação que nos permitem interpretar (assimilar) as coisas pela ação ou pela palavra.

A significação é o que permite atribuir uma relação internamente necessária a duas coisas simplesmente associadas no espaço ou no tempo. Em *O nascimento da inteligência na criança*, Piaget (1936/1970) faz análises exemplares do modo como isso acontece no primeiro ano de vida, quando a criança ainda não sabe falar. A significação supõe implicações significantes, e não simples associações. E são as implicações significantes que nos permitem coordenar palavras ou coisas como uma classe, série ou invariante.

Processos de socialização

Tal como em seus estudos sobre as relações entre linguagem e pensamento, Piaget dedicou-se entre os anos 20 e 40 à pesquisa e teorização a respeito dos processos de socialização e sua importância para o desenvolvimento intelectual (operatório) da criança. Foi inclusive professor de sociologia por mais de dez anos. Seu livro *O julgamento moral na criança* (Piaget, 1977), ainda que publicado em 1932, é reconhecido como um dos mais importantes de sua obra.

Piaget atribuía ao social uma importância fundamental. A operação, forma mais desenvolvida de nossa inteligência, para enfrentar as perturbações constantes no contexto de nossas trocas interindividuais, é interpretada por Piaget como algo simultaneamente social e individual. Só há operação em um contexto de cooperação: uma operação só tem valor explicativo se dispuser de sua inversa ou de sua recíproca, por exemplo. Todo professor sabe que uma criança só aprende de fato a soma quando pode simultaneamente operar com a subtração. É o outro quem obriga a criança a justificar seus pontos de vista, a descentrar sua perspectiva, reconhecendo a de seus parceiros, não importa com que limitações. Ao mesmo tempo, em um ponto de vista individual, a operação, uma vez construída, constitui um patrimônio cognitivo que alterará radicalmente a qualidade das relações desse indivíduo com o mundo. Como escrevi em outro texto, "a troca sob sua forma cooperativa sintetiza para Piaget sua tese de que o social e o individual, sob o primado da razão, são uma só e única coisa." (Macedo, 1989, p. 4)

Analisemos um pouco melhor nossa afirmação de que a operação implica algo de natureza simbólica ou social. Dizer que uma criança tem noção de conservação significa dizer que compreende que algo se manteve constante – por exemplo, a quantidade de massa – quando outros aspectos de um objeto – por exemplo, sua forma – foram alterados (Piaget & Inhelder, 1941/1971). Para isso a criança há de ter em conta simultaneamente o que foi e o que não foi feito, mas que poderia sê-lo. Poder-se-ia ter tirado massa, mas não se fez isso, argumenta a criança; por isso tem o mesmo tanto; só mudou a forma etc. Ora, a virtualidade – o que poderia ser feito – e a realidade – o que foi feito – supõe simultaneamente descentração e coordenação de pontos de vista, ao mesmo tempo simbólicos e sociais, porque localizados no virtual por oposição ao real.

Uma das análises mais brilhantes de Piaget (1932/1977) no livro *O julgamento moral na criança* é aquela em que analisa a importância da relação entre pares, calcada, por isso mesmo, na reciprocidade (ao menos como tendência), para o desenvolvimento operatório da criança. A relação adulto/criança é, por princípio, assimétrica porque está baseada em uma diferença real entre um e outro, ou seja, sempre tem uma base heterônoma. Já a relação criança/criança opera em um contexto de iguais (por isso mesmo nem sempre "tranquilo") cuja base tende a ser autônoma. Com isso queremos dizer que, para Piaget, se o social é fundamental para o desenvolvimento operatório da criança ele supõe uma qualidade, que é de operar sobre relações iguais na medida do possível. Daí a importância que Piaget dá ao trabalho em grupo. É claro que se podem ter relações adulto/criança que se aproximem de algo de base autônoma; uma postura construtivista pode ser exemplo disso.

A importância que Piaget dava ao trabalho em grupo ou em equipe está presente no modo como realizava suas investigações. Toda obra experimental de Piaget, que reúne mais de cinquenta livros, contendo, cada um deles, pelo menos uma dezena de pesquisas, foi realizada em um contexto de colaboração e interdisciplinaridade. Em sua autobiografia, Piaget (1976) em muitas páginas descreve a necessidade de se fazer a pesquisa em uma perspectiva de controle mútuo, que só um trabalho em equipe possibilita.

Uma outra característica do apreço, em termos concretos, que Piaget conferia ao "outro" pode ser depreendida de sua atitude no Centro Internacional de Epistemologia Genética, em Genebra. Piaget convidava seus opositores teóricos ou experimentais a passarem um ano no Centro, para juntos discutirem e analisarem determinado tema. Em sua autobiografia, (Piaget, 1976) faz análises brilhantes a esse respeito e cita exemplos de situações para mostrar a fecundidade e importância desses contatos.

Referências bibliográficas

INHELDER, Bärbel et alii. *Aprendizagem e estruturas do conhecimento*. Trad. Maria Aparecida Rodrigues Cintra e Maria Yolanda Rodrigues Cintra. São Paulo, Saraiva, 1977.

MACEDO, Lino de. *Aquisição da noção de conservação por intermédio de um procedimento conforme o modelo*. Tese (doutorado), São Paulo, Instituto de Psicologia da USP, 1973.

_____. *A influência da interação social sobre o desenvolvimento cognitivo: a perspectiva de Piaget*. São Paulo, Instituto de Psicologia da USP, 1989. Mimeog.

_____. Procedimentos de treino da noção de conservação. *Psicologia*, São Paulo, v. 1, nº 27, pp. 21-47, 1975.

PIAGET, Jean. *La causalité physique chez l'enfant*. Paris, Alcan, 1927.

_____. (1926) *La représentation du monde chez l'enfant*. Paris, Presses Universitaires de France, 1947 (nova edição).

_____. *A linguagem e o pensamento da criança*. Trad. Manuel Campos. Rio de Janeiro, Fundo de Cultura, 1961.

_____. *La construcción de lo real em el niño*. Trad. Mabel Arrunada. Buenos Aires, Proteo, 1965.

_____. dir. *Logique et connaissance scientifique*. Paris, Gallimard, 1967.

_____. *O nascimento da inteligência na criança*. Trad. Álvaro Cabral. Rio de Janeiro, Zahar, 1970.

_____. *Psicologia e pedagogia*. Trad. Dirceu de Accioly Lindoso & Rosa Maria Ribeiro da Silva. Rio de Janeiro, Forense, 1972.

_____. *Autobiografia*. Trad. Nora Rosenfeld & Marcelo Pasternac. Buenos Aires, Caldén, 1976.

_____. *O julgamento moral na criança*. Trad. Elzon Lenardon. São Paulo, Mestre Jou, 1977.

_____. El lenguage y las operaciones intelectuales. In: ____ et alii. Introducción a la psicolinguistica. Trad. Hugo Acevedo. Buenos Aires, Nueva Visión, 1985.

_____. A tomada de consciência. Trad. Edson Braga de Souza. São Paulo, Melhoramentos/EDUSP, 1978.

_____. O raciocínio na criança (1924). Trad. Valerie Rumjanek Chaves. Rio de Janeiro, Record, s.d.

PIAGET, Jean & GARCIA, Rolando. *Vers une logique des significations*. Genebra, Murionde, 1987.

PIAGET, Jean & GRÉCO, Pierre. *Aprendizagem e conhecimento*. São Paulo, Freitas Bastos, 1974.

PIAGET, Jean & INHELDER, Bärbel. *O desenvolvimento das quantidades físicas na criança: conservação e atomismo*. Trad. Christiano Monteiro Oiticica. Rio de Janeiro, Zahar, 1971.

_____. A *psicologia da criança*. Trad. Octávio Mendes Cajado. Rio de Janeiro, Bertrand, 1989.

VYGOTSKY, Lev Semenovich. *Pensamento e linguagem*. Trad. Jeferson Luiz Camargo. São Paulo, Martins Fontes, 1987.

Os processos de equilibração majorante[1]

O objetivo deste texto é introduzir os principais aspectos de teoria da equilibração de Jean Piaget, por meio da qual explica a construção do conhecimento pelo sujeito graças às suas interações com os objetos. O tema que apresentarei pretende ser um resumo do primeiro capítulo do livro de Piaget, "A equilibração das estruturas cognitivas: problema central do desenvolvimento", publicado em 1975. No prefácio desse livro, Piaget diz:

> o conhecimento não procede nem da experiência única dos objetos nem de uma programação inata pré-formada no sujeito, mas de uma interação entre ambos, que resulta em construções sucessivas com elaborações constantes de estruturas novas graças a um processo de equilibrações majorantes, que corrigem e completam as formas precedentes de equilíbrio. (p. 7)

A novidade desse livro está em que, nele, Piaget faz a síntese mais atual de sua posição epistemológica e integra um conjunto de pesquisas recentes sobre aspectos fundamentais de sua teoria, tais como tomada de consciência, ação, compreensão, contradição, aprendizagem operatória, abstração reflexiva etc.

---

1. Tema apresentado no Simpósio "Epistemologia Genética de Jean Piaget", coordenado pelo Prof. Lauro de Oliveira Lima, na XXX Reunião Anual da Sociedade Brasileira para o Progresso da Ciência, em São Paulo. Publicado in: Ciência e Cultura. São Paulo, nº 31(10), pp. 1125-1128, 1979.

Assim, o objetivo do presente capítulo será explicar o que Piaget entende por interação sujeito/objeto e por processo de equilibração majorante, graças aos quais o sujeito constrói conhecimentos.

Interagir implica, do ponto de vista do sujeito, poder assimilar o objeto às suas estruturas. Isto é, implica possuir um esquema qualquer por meio do qual um elemento exterior pode nele ser incorporado.

Antes de prosseguir, creio ser útil explicar o que Piaget entende por assimilação, estrutura e esquema.

Assimilação é o processo pelo qual o sujeito incorpora o objeto às suas estruturas. Pegar, andar, classificar, ordenar, qualquer ação, enfim, são formas de assimilar. Ocorre que, em maior ou menor grau, assimilar implica ajustar a ação às características dos objetos. Esse ajustamento ou acomodação, como diz Piaget, é, portanto, um processo complementar ao da assimilação e indica que, da mesma forma que o sujeito incorpora o objeto às suas estruturas, estas se ajustam às características do objeto, isto é, modificam-se. Sem a acomodação correspondente, a assimilação é impossível.

Uma estrutura (Piaget, 1968) supõe um conjunto de elementos e uma relação entre eles, tal que as seguintes características estejam sempre presentes: totalidade, transformação e autorregulação. Totalidade (ou estabilidade), porque a relação entre os elementos nunca resulta em outro elemento estranho ao conjunto. Transformação, porque os elementos estão sempre se relacionando dinamicamente entre si. E autorregulação, porque uma estrutura nunca pode ser regulada por outra. Em outras palavras,

> uma estrutura é um sistema de transformações que comporta leis enquanto sistema (por oposição às propriedades dos elementos) e que se conserva ou se enriquece pelo próprio jogo de suas transformações, sem que estas ultrapassem suas fronteiras ou façam apelo a elementos exteriores. Em síntese, uma estrutura compreende assim as características de totalidade, de transformações e de autorregulação. (pp. 6 e 7)

Um esquema é uma coordenação de ação, um "saber fazer", por meio do qual o sujeito assimila os objetos às suas estruturas. Uma estrutura, do ponto de vista cognitivo, é, assim, composta por um conjunto de esquemas, da mesma forma que o sistema cognitivo é composto por um conjunto de estruturas. As três são formas que possibilitam diferentes tipos de conteúdos ou ações. Ocorre que essas ações ou conteúdos, de sua parte, modificam (por um processo que descreveremos mais adiante) incessantemente os esquemas, as estruturas e os sistemas.

Antes de passarmos a um outro ponto, talvez seja interessante mencionar que as estruturas que compõem os sistemas cognitivos e os biológicos são diferentes das que compõem outros sistemas. Estes são abertos, no sentido das trocas que efetuam com o meio, e ao mesmo tempo fechados, pois formam "ciclos", com as características que mencionamos há pouco.

Quanto aos processos de equilibração que intervêm nas interações sujeito/objeto, devemos mencionar que, segundo Piaget, há três formas de equilibração. A primeira ocorre entre a assimilação dos objetos aos esquemas de ação do sujeito e a acomodação destes aos objetos. Nesse sentido, como diz Piaget, "se o objeto é necessário ao desenrolar da ação, reciprocamente é o esquema de ação que confere sua significação ao objeto, transformando-o graças a essa ação". A segunda forma de equilibração é a que assegura as interações entre os subsistemas ou esquemas, pois, se as partes apresentam propriedades enquanto totalidades, elas apresentam propriedades enquanto pares. Obviamente, as propriedades das partes diferenciam-se entre si. Intervêm aqui, igualmente, processos de assimilação e acomodação recíprocos que asseguram as interações entre dois ou mais esquemas que, juntos, compõem um outro que os integra. A terceira forma de equilibração é a que assegura as interações entre os subsistemas e a totalidade. Essa terceira forma é diferente da segunda, pois naquela a equilibração intervém nas interações entre as partes, enquanto que nesta terceira a equilibração intervém nas interações das partes com o todo. Em outras palavras, na segunda forma temos a equilibração pela diferenciação; na terceira temos a equilibração pela integração.

Nessas três formas de equilibração, que asseguram as interações entre o sujeito e o objeto, entre os subsistemas e entre estes e o sistema total, sempre intervém um aspecto positivo, pois, convenhamos, interagir implica um fazer, um "agir em direção a". Complementar a esse aspecto positivo, intervém igualmente, em maior ou menor grau, um aspecto negativo, pois fazer X implica não fazer não X. A correspondência entre as afirmações e as negações é, para Piaget, um aspecto fundamental nos processos de equilibração majorante. A presença de uma e outra nas três formas de equilibração pode ser constatada, ainda que em diferentes níveis, em qualquer interação. No caso das equilibrações que intervêm nas interações sujeito/objeto, aplicar um esquema implica ao mesmo tempo não aplicar outros esquemas. Por outro lado, um mesmo esquema A, por exemplo, pode não se aplicar de forma plena a um dado conjunto de objetos, o que implica sua diferenciação num subesquema A2. Tem-se, assim, um esquema A1, que se aplica a um determinado conjunto de objetos, e um esquema A2, que se aplica a um outro. Contudo, essa diferenciação implica, ao mesmo tempo, que os esquemas A1 e A2, apesar de diferentes entre si, possuem características A, pois todos os A1 e A2 são A, da mesma forma que nenhum A1 é A2, nenhum A2 é A1, alguns A são A1 e alguns A são A2 etc. No caso das equilibrações que intervêm nas interações entre um subsistema e a totalidade, pode-se igualmente constatar o papel funcional das negações e das afirmações, nesse processo de diferenciação e integração ininterrupto que, segundo Piaget, caracteriza e ao mesmo tempo permite o desenvolvimento do conhecimento.

Contudo, supor um processo de equilibração intervindo nas interações implica, igualmente, que, ao interagir, por exemplo, com os objetos, os esquemas de que o sujeito dispõe não são suficientes e que essas lacunas criam obstáculos que perturbam o sujeito, qualquer que seja o seu grau. Em outras palavras, dizer equilibração é dizer perturbação, ou seja, desequilíbrio nas interações. Entretanto, "os desequilíbrios" representam apenas um papel de desencadeamento, pois "sua fecundidade", diz Piaget, "se mede pela possibilidade de superá-los, quer dizer, sair deles. A fonte real do progresso deve, pois, ser procurada na reequilibração, naturalmente não no sentido de um retorno à forma anterior de equilíbrio, cuja insuficiência é responsável pelo conflito ao qual essa equilibração provisória chegou, mas de uma melhora da forma precedente. Entretanto, sem o desequilíbrio não teria havido reequilibração majorante".

Segundo Piaget, a razão dos desequilíbrios, isto é, das contradições que perturbam o sujeito, não resulta de um fator interno, inerente a ele, nem de um fator externo, contingencial, como supõe todo desenrolar histórico, mas reside principalmente na não correspondência exata entre afirmações e negações, muito frequente, principalmente no início do desenvolvimento. Com efeito, durante os primeiros anos de vida, as diversas formas de interação se baseiam, sobretudo, nos aspectos positivos da ação, advindo daí a alta frequência inicial dos desequilíbrios. A construção das negações é um processo mais demorado e complexo, pois, se o aspecto positivo consiste em um fazer e um ser, o aspecto negativo consiste em um não fazer e um não ser, que, ao contrário do primeiro, tem características formais. A contradição resulta, pois, nesta indiferenciação entre o que é e o que não é, constituindo para o sujeito uma lacuna. O progresso do conhecimento consiste justamente nessa busca incessante de eliminação das contradições.

Fazem parte, ainda, dos processos de equilibração majorante, as regulações e as compensações. Regulações são processos por meio dos quais o sujeito reage a uma perturbação. Do ponto de vista do sujeito, uma regulação é, portanto, uma reação à perturbação. Contudo, nem toda perturbação corresponde a uma regulação. Segundo Piaget, pode-se falar de regulação "quando a retomada A' de uma ação A é modificada pelos resultados desta"; portanto, quando existe um "efeito dos resultados de A sobre seu novo desenvolvimento A'". Esses resultados podem implicar uma correção de A – fala-se, então, de uma regulação por *feedback* negativo – ou um reforço de A – fala-se, então, de uma regulação por *feedback* positivo.

Neste ponto, talvez seja interessante comentar sobre o que são perturbações e quais suas variedades. Dentro do contexto em que vínhamos falando, dizer que há perturbação é supor que o sujeito possui uma estrutura capaz de assimilar o objeto ou o evento enquanto perturbador. Das modificações que perturbam o sujeito, Piaget distingue duas grandes classes. A primeira corresponde às perturbações que se opõem às acomodações, ou seja, aos esforços de ajustamento do sujeito, implicando, então, fracassos ou erros. As regulações correspondentes a essas perturbações comportam, pelo que dissemos, *feedbacks* negativos. A segunda classe corresponde a lacunas que perturbam o sujeito: as regulações a elas correspondentes comportam *feedbacks* positivos. Entretanto, há modificações no ambiente ou no próprio organismo que não perturbam o sujeito. Não perturbam porque ele não possui um sistema cognitivo suficientemente desenvolvido a ponto de assimilá-las enquanto perturbadoras ou porque, simplesmente, essas modificações não constituem perturbações para ele.

Há perturbações, contudo, que não implicam regulações, pois levam simplesmente a uma repetição ou a um cessar da ação, ou mobilizam o sujeito em outras direções.

Da mesma forma que se pode falar de variedades de perturbação, pode-se falar, segundo Piaget, em variedades de regulações que intervêm em cada uma das três formas de equilibração.

Uma regulação, qualquer que seja ela, implica sempre a intervenção de um regulador. Esse regulador, para Piaget, é um regulador interno, mas não hereditário. Ele é constituído, em síntese, pela própria estrutura enquanto totalidade. Piaget (1975/1976) diz que se pode admitir que

> a totalidade de um sistema desempenha o papel de regulador no que concerne às regulações parciais, pois aquela impõe a estas uma norma extremamente constrangedora: submeterem-se à conservação do todo, logo ao fechamento do ciclo de interações, ou serem arrastadas num deslocamento geral comparável à morte do organismo. Como o jogo contínuo das assimilações e acomodações provoca, sem cessar, reforços e correções, ambos tomam a forma de regulações ou *feedbacks* tão logo se prolonguem (e o mecanismo assimilador a isso os obriga) em processos proativos e retroativos, mas sob o controle permanente da totalidade que exige sua conservação. (p. 29)

Isso nos leva ao papel das compensações. Nesse sentido, podemos afirmar que, se há modificações que perturbam o sujeito, se certas perturbações implicam regulações, igualmente, certas regulações implicam compensação. Isto é, como nem toda perturbação acarreta regulação, nem toda regulação acarreta compensação.

Uma compensação é uma ação de sentido contrário a determinado efeito que tende a anulá-lo ou neutralizá-lo. O papel das compensações nos sistemas cognitivos é fundamental, pois graças a elas o sujeito pode lidar com transformações no sentido de ser capaz de opor, a uma ação ou proposição qualquer, uma outra que virtualmente anula ou neutraliza o efeito da primeira. A compensação pode ser, nesse sentido, uma forma de regulação porque, graças a ela, o sujeito pode reagir ou se antecipar às mudanças, isto é, às perturbações.

Finalmente, é importante dizer que os processos de equilibração (graças aos quais as interações entre o sujeito e o objeto, entre os subsistemas e entre estes e a totalidade, melhoram e se aperfeiçoam cada vez mais) são, do ponto de vista do sujeito, inconscientes. Com efeito, afirmar que o sujeito compreende alguma coisa não implica afirmar que ele compreende sua razão. A tarefa de analisar os mecanismos pelos quais o sujeito alcança a compreensão ou o conhecimento constitui basicamente todo o esforço teórico e experimental de Piaget nos últimos cinquenta anos.

Referências bibliográficas

PIAGET, Jean. *Le structuralisme*. Paris, Presses Universitaires de France, 1968.

_____. (1975). *A equilibração das estruturas cognitivas: problema central do desenvolvimento*. Trad. Marion Merlone dos Santos Penna. Rio de Janeiro, Zahar, 1976.

As estruturas da inteligência, segundo Piaget: ritmos, regulações e operações[1]

O objetivo deste artigo é fazer uma caracterização das três estruturas da inteligência que, segundo Piaget, envolvem ritmos, regulações ou operações. Nesse sentido, indicaremos o significado do termo inteligência para esse autor, indicando-se, em seguida, a tendência geral de sua evolução, que é a de estar orientada para uma reversibilidade cada vez mais completa das estruturas que a compõem. A caracterização foi mais detalhada para as estruturas operatórias, tendo-se indicado, inclusive, como Piaget faz pesquisa nesta área e quais foram suas principais conclusões ao estudar algumas noções. Ao longo de toda a exposição tentou-se mostrar como, para Piaget, nessa evolução intervém um processo de equilibração, que ele chama de majorante, isto é, que garante a passagem contínua de um nível ao seguinte, bem como o "melhoramento" progressivo das estruturas que o caracterizam.

Para Piaget, o conhecimento não está no sujeito nem no objeto, mas decorre das interações entre um e outro (Piaget, 1976). Essas

---
1. Publicado in: *Arquivos Brasileiros de Psicologia*. Rio de Janeiro, nº 33, pp. 5-31, 1981.

interações dependem, desde o início da vida do sujeito, de dois aspectos complementares e irredutíveis: um efetivo e outro cognitivo (Piaget, 1947/1977). O aspecto afetivo fornece os fins, isto é, a energética da conduta, enquanto o aspecto cognitivo fornece os meios. Contudo, Piaget, em seus trabalhos, considera apenas um aspecto – o cognitivo – embora sempre admitindo a presença e influência do outro – o afetivo. Para ele, a inteligência relaciona-se com o aspecto cognitivo na medida em que sua função é estruturar as interações sujeito/objeto. Estruturar, porque interagir significa, do ponto de vista do sujeito, assimilar o objeto e suas estruturas. Ocorre que ao assimilar, isto é, ao incorporar exteriores, o sujeito deve acomodar suas estruturas. Assimilação e acomodação são, pois, duas funções básicas da inteligência, devendo-se considerar, contudo, que não se tem uma alteração físico-química dos elementos assimilados nem uma modificação orgânica das estruturas, mas, antes, uma incorporação dos objetos pela atividade do sujeito e um ajustamento dessa tendo em vista esses objetos (Piaget, 1976).

A extensão das assimilações e acomodações está determinada pela estrutura que impõe os limites dessas transformações. Dentro desse contexto, a inteligência seria, pois, um termo genérico e caracterizaria uma forma particular de interação sujeito/objeto, sendo essa forma particular determinada pelo conjunto das estruturas do sujeito. Para Piaget, a inteligência seria, então, um "conjunto de operações vivas e atuantes", "uma forma de equilíbrio a que tendem todas as estruturas" (Piaget, 1947/1977, p. 17). Nesse sentido, uma ação é tanto mais inteligente quanto mais evoluídas forem as estruturas a ela subjacentes.

Para Piaget, a evolução da inteligência está orientada sempre num sentido, sendo essa direção universal, isto é, independente de fatores culturais, posição social, sexo etc. Esse sentido é o da reversibilidade cada vez mais completa das estruturas que a compõem (Piaget, 1976).

A evolução da noção de reversibilidade pode ser acompanhada por meio da construção de três principais estruturas que, segundo Piaget, caracterizam as etapas do desenvolvimento intelectual do ser humano (Piaget, 1947/1977 e Piaget, 1972). A primeira dessas estruturas é a de ritmo, que assegura as interações do sujeito, mormente no começo da vida, e inclui, entre outros, os reflexos, os movimentos espontâneos e globais do organismo. Essas formas iniciais caracterizam-se por uma reversibilidade estereotipada em que, como diz Piaget (1972, p. 159), os trajetos AB e BA são percorridos por dois movimentos distintos, de forma alternada e antagônica. Sucção e locomoção, para citar apenas duas atividades fundamentais da criança, são exemplos de condutas rítmicas, implicando coordenações motoras complexas e caracterizadas por um esforço de partir de um estado inicial X para um estado final Z para, na mesma ordem, recomeçar em seguida. Sucedendo às estruturas de ritmo, aparece um conjunto variado de estruturas, que implicam regulações da ação, isto é, modificações desta, quando de sua retomada, seja por esforço ou correção. A diferença entre as estruturas de ritmos e as de regulações está em que, nas primeiras o movimento é cíclico, sendo a atividade recomeçada no ponto em que se iniciou no movimento anterior, e em que, quando surgem obstáculos, no desenrolar da ação, estes são sempre superados por um esforço para recuperar o ciclo. Nas estruturas de regulações, ao contrário, a retomada de uma ação é sempre modificada pelos resultados da ação anterior, seja corrigindo (por *feedback* negativo) os aspectos que, na ação anterior, frustraram os seus objetivos, seja mantendo (por *feedback* positivo) os aspectos que levaram ao êxito (Piaget, 1972). Assim, nunca se tem retorno exato ao início de um ciclo, mas sim um processo contínuo de modificações das ações seguintes em função dos resultados nas ações precedentes. Essas regulações caracterizam-se por uma reversibilidade aproximada ou semirreversibilidade, considerando o efeito progressivo das correções ou reforços (Piaget, 1976).

As regulações manifestam-se desde os primeiros meses de vida da criança. Podem-se vê-las na formação dos primeiros hábitos, quando, por exemplo, a criança aprende a sugar o polegar. Esse evento, com efeito, não é determinado biologicamente e implica a coordenação de duas partes distintas do corpo. Essa coordenação, a princípio fortuita, efetiva-se nas centenas de vezes em que a criança ao tentar ligar esses dois espaços, regula suas ações e consegue conectá-los num espaço único. Essas regulações da ação podem ser observadas, também, nos esforços da criança quando aprende a andar, a falar, a desenhar, a manipular objetos etc. Trata-se, contudo, de regulações em função do resultado da ação, não tem, ainda, nenhum aspecto de antecipação. A existência desse aspecto antecipador ou virtual caracterizará a terceira e última forma de inteligência. Nela, as regulações alcançam uma reversibilidade completa, seja no sentido de reversibilidade por inversão, em que uma dada ação pode sempre ser anulada por uma contrária, seja no sentido de reversibilidade por reciprocidade, em que uma dada ação pode sempre ser compensada por uma simétrica (Piaget, 1947/1977 e Piaget, 1972). Nesse nível, as ações se transformam em *operações*. As operações são ainda ações, mas com características bem diferentes das ações físicas ou motoras, por exemplo. Para Piaget (Piaget & Inhelder, 1968/1974), as principais características das operações são as seguintes:

1. Ações escolhidas entre as mais gerais, isto é, coordenações de ações, como as que permitem à criança reunir duas classes numa terceira, ordenar objetos, classificá-los etc.
2. Ações interiorizáveis, pois podem realizar-se tanto física quanto mentalmente.
3. Ações reversíveis, isto é, que podem ser anuladas ou compensadas por uma outra ação.
4. Ações nunca isoladas, mas sempre coordenadas em sistemas de conjuntos.
5. Ações comuns a todos os indivíduos de mesmo nível mental.
6. Ações que intervêm tanto nos raciocínios privados quanto nas trocas cognitivas com os outros membros do grupo.

As operações organizam-se em dois níveis sucessivos, sendo cada um deles caracterizado pela formação de certas estruturas de conjunto. O primeiro é o denominado período das operações concretas e caracteriza a inteligência da criança entre 7 e 11/12 anos. Esse período é assim denominado porque consiste em operações sobre objetos e não sobre proposições ou enunciados, que será a característica do nível seguinte.

As principais operações do período operacional concreto são as que permitem ao sujeito classificar ou seriar objetos, bem como incluí-los numa classe ou série e conservar uma dimensão do objeto ante alterações em outras dimensões (Piaget, 1949/1976). Piaget considera fundamentais essas operações. A noção de classificação possibilita ao sujeito reunir simultaneamente objetos segundo suas semelhanças ou diferenças, pelo que torna-se capaz de lidar com a composição aditiva de classes (isto é, compreender que A mais A' é igual a B e que B menos A é igual a A' etc.). A noção de seriação possibilita-lhe ordenar os objetos segundo suas diferenças, tal que um possa ser igual, maior ou menor do que outro, dependendo do lugar que ocupa na série. A noção de conservação permite à criança lidar com transformações nulas ou invariantes, por exemplo: a mudança da forma de um objeto não altera sua quantidade.

Os estudos de Piaget e colaboradores sobre o período das operações concretas são numerosos e, dentre todos, os mais divulgados. Retomaremos alguns deles para tentar caracterizar, de forma resumida, como Piaget fez suas pesquisas com o objetivo de estudar a evolução da inteligência na criança.

Os estudos de Piaget são feitos por meio de provas operatórias, que se constituem de situações experimentalmente montadas, nas quais o experimentador apresenta objetos, faz modificações neles etc., com ou sem a ajuda da criança, verificando o quanto ela sabe a respeito das noções envolvidas nessas situações. As reações da criança (o que diz, explica, desenha ou faz) lhe permitirão inferir qual é o nível de desenvolvimento de suas operações mentais. A situação é de entrevista não padronizada, em que o desenrolar do experimento depende das respostas da criança ao que lhe é proposto e não estão previamente determinadas pelo experimentador. Essa metodologia, segundo Piaget, é a que melhor permite inferir as operações mentais da criança. Naturalmente, isso implica que o experimentador domine conceitualmente muito bem as noções que estão sendo testadas e que saiba como conduzir a entrevista, não sugerindo ou inibindo as respostas que deseja obter da criança (Piaget, 1926/s.d. e Piaget & Inhelder, 1941/1975).

Assim, para testar se a criança tem noção de conservação, isto é, se compreende que a dimensão quantitativa de um objeto não se altera quando se alteram outras de suas dimensões, Piaget a submete a uma prova de conservação. Esta pode se referir a noções muito diferentes como, por exemplo, conservação de comprimento, distância, tempo, espaço, quantidade de matéria, peso, correspondência termo a termo. Na prova sobre a noção de conservação de quantidade de matéria, por exemplo, apresentam-se à criança duas bolas de plastilina; depois que a criança admitir que ambas possuem a mesma quantidade de matéria (isto é, de dizer "que têm o mesmo tanto"), o experimentador, à vista dela, modifica a forma de uma das bolas – para cilíndrica, por exemplo, e pergunta à criança se ainda acredita que há o mesmo tanto de massa, pedindo para ela explicar seu julgamento. Submetendo centenas de crianças a essa situação, Piaget constatou que poderiam ser subdivididas em três grupos. O primeiro deles é constituído por crianças que acreditam invariavelmente que a modificação da forma do objeto altera sua quantidade. As respostas típicas dessas crianças são as seguintes: "tem mais massinha na salsicha, porque ela é mais comprida", "a bola tem mais porque é mais gorda" etc. O segundo grupo é constituído por crianças que em algumas transformações admitem a conservação da quantidade, mas que em outras (ou quando se secciona uma das bolas) reagem como as do grupo anterior. Finalmente, as crianças do terceiro grupo admitem sempre que a quantidade não se alterou porque, dizem elas, "Não se tirou nem pôs", "é a mesma massa", "se a bola é gorda e curta, a salsicha é fina e comprida". Piaget diz que as crianças do primeiro grupo estão ainda num período pré-operacional, pois não são capazes de acompanhar as transformações do objeto, que o mantêm invariante no que diz respeito à dimensão quantitativa, regulando suas ações em função dos estados e não tomando consciência da contradição de suas conclusões. As crianças do segundo grupo, estão num período intermediário. As do terceiro estão num período das operações concretas, pois suas operações mentais adquiriram uma reversibilidade tal, que permitem compreender que a uma transformação real – bola em salsicha – pode-se opor uma transformação virtual (realizada em pensamento, portanto) que, no caso, anularia ou compensaria a transformação realizada (Piaget & Inhelder, 1941/1975).

Na prova de seriação, Piaget apresenta um conjunto de varetas de diferentes tamanhos à criança e lhe pede para fazer uma "escadinha", observando o modo como relaciona os elementos ao construir a série. As crianças do primeiro nível são incapazes de completar a série toda, conseguindo formar apenas pares ou trios. As do nível intermediário são capazes de construir a série, mas usam o método de tateio e de sentido único; isto é, primeiro buscam a vareta maior, comparando uma a uma todas as varetas, depois a maior das que restaram, até completarem a série. As crianças do terceiro grupo trabalham nos dois sentidos ao mesmo tempo e substituem o tateio por uma busca da posição do objeto na série, em que as noções de maior ou menor são consideradas simultaneamente (Piaget & Szeminska, 1941/1975 e Piaget & Inhelder, 1959/1971).

As estruturas de conjunto dos esquemas operatórios mencionadas são as de agrupamento, termo criado por Piaget para descrever uma estrutura mental que possui ao mesmo tempo propriedades de grupo e de reticulado. Por isso mesmo, o agrupamento constitui-se de grupos imperfeitos, em que a associatividade é incompleta – (A+A) – A = A + (A–A) – em que a adição de dois elementos dá como resultado o maior deles, como também de semirretículos, que apenas se relacionam por contiguidade. Além disso, a reversibilidade manifesta-se separadamente como inversão, para as estruturas de classe (A+A' = B, B–A' = A) e como reciprocidade para as de relações (AB, BA) (Piaget, 1972; Piaget, 1949/1976).

O segundo e último nível de organização das operações é o que Piaget chama de formal e caracteriza a inteligência a partir dos 11/12 anos. Nesse nível, o pensamento torna-se hipotético-dedutivo. Essa mudança, vale lembrar, é fundamental, pois, ao contrário das ações realizadas sobre objetos, uma proposição sempre admite uma outra contrária (positiva ou negativa) e, além disso, pode ser falsa ou verdadeira. A lógica das classes e das relações é, então, superada por uma lógica das proposições. O pensamento age agora sobre o estruturalmente possível e o real é apenas uma dimensão dele. Essa mudança decorre do fato de que nesse período as operações são realizadas sobre operações, isto é, são operações de segunda potência. Graças a isso, o sujeito torna-se capaz de lidar com noções como as de velocidade, permutação, bem como de usar raciocínios experimentais, por exemplo, dissociar fatores, mantendo todas as variáveis constantes e variando apenas uma para estudar seu efeito. As operações agora são as de implicação, conjunção, negação etc., e estão reunidas num sistema único caracterizado, de um lado, pelas leis de reticulado e, de outro, pelas do grupo de quatro transformações (INRC). Pela estrutura de reticulado o sujeito pode estabelecer o conjunto de todas as partes, e não apenas as contíguas, graças à analise combinatória que lhe permite enumerar os arranjos possíveis. Pela estrutura do grupo de quatro transformações, a uma operação p. q, corresponde uma inversa N, $\overline{p}$ v $\overline{q}$, uma recíproca R, p . q, e uma correlativa C, que é a inversa da recíproca, p v q, sendo que estas transformações, mais a idêntica I, tornam o grupo comutativo em que NR = C, NC = R; CR = N e CNR = I (Piaget, 1972; Inhelder & Piaget, 1955/1976; Piaget, 1949/1976).

Essa passagem contínua de um nível de inteligência ao seguinte ocorre por um processo que Piaget chama de equilibração majorante. Equilibração, porque as autorregulações das estruturas que compõem a inteligência caracterizam-se por um processo homeorrético, em que o equilíbrio não está num retorno ao ponto de partida ou de referência como nos processos homeostáticos, mas é um equilíbrio móvel, dinâmico, com autocorreções por *feedbacks* e que se orienta para uma reversibilidade operatória. Majorante, porque esse processo de equilibração caracteriza-se por um melhoramento contínuo das estruturas que, como tentamos mostrar, de rítmicas tornam-se regulares e, finalmente, operatórias (Piaget, 1976). Segundo Piaget, estas estruturas que constituem um aspecto cognitivo das condutas, tanto quanto aquelas que constituem o aspecto afetivo, são inconscientes para o sujeito (Piaget, 1973). A tomada de consciência das condutas depende de um processo de conceituação em que o sujeito, desligando-se dos objetivos e resultados da ação – que são aspectos conscientes – passa a se interessar por sua razão – que são aspectos inconscientes (Piaget, 1974 e 1978).

Referências bibliográficas

INHELDER, Bärbel & PIAGET, Jean (1955). *Da lógica da criança à lógica do adolescente: ensaio sobre a construção das estruturas operatórias formais*. Trad. Dante Moreira Leite. São Paulo, Pioneira, 1976.

PIAGET, Jean (1926). *A representação do mundo na criança*. Trad. R. Fiúza. Rio de Janeiro, Record, s.d.

_____. (1947). *Psicologia da inteligência*. Trad. N. C. Caixeiro. Rio de Janeiro, Zahar, 1977.

_____. (1949). *Ensaio de lógica operatória*. Trad. M.A.V. de Almeida. Porto Alegre, EDUSP/Globo, 1976.

_____. *Lógica y psicología*. Barcelona, A. Redondo, 1972.

_____. *Problemas de psicologia genética*. Trad. C.E.A. di Piero. Rio de Janeiro, Forense, 1973.

PIAGET, Jean. *A tomada de consciência.* Trad. Edson Braga de Souza. São Paulo, Melhoramentos/EDUSP, 1974.

_____. *Fazer e compreender.* Trad. Christina Larrende de Paula Leite. São Paulo, Melhoramentos/EDUSP, 1978.

_____. *A equilibração das estruturas: problema central do desenvolvimento.* Trad. Marion Merlone dos Santos Penna. Rio de Janeiro, Zahar, 1976.

PIAGET, Jean. & INHELDER, Bärbel (1941). *O desenvolvimento das quantidades físicas na criança: conservação e atomismo.* Trad. Christiano Monteiro Oiticica. Rio de Janeiro, Zahar, 1975.

_____. (1959). *Gênese das estruturas elementares.* Trad. A.Cabral. Rio de Janeiro, Zahar, 1971.

_____. (1968). *A psicologia da criança.* Trad. O.M. Cajado. São Paulo, Diefel, 1974.

PIAGET, Jean. & SZEMINSKA, Aline (1941). *A gênese do número na criança.* Trad. Christiano Monteiro Oiticica. Rio de Janeiro, Zahar, 1975.

Inconsciente e recalcamento cognitivo[1]

17

Meu propósito é retomar aqui o texto "O inconsciente afetivo e o inconsciente cognitivo", que Piaget (1972/1983) leu, em 1970, na Sociedade de Psicanálise Norte-Americana. Faço nossas suas intenções naquela época: prepararmo-nos para o dia em que estas duas abordagens (a do afeto e a da cognição) possam integrar-se em uma terceira, capaz, por negar aquelas, de reuni-las, por exclusão e inclusão, em um todo em que compareçam como partes distintas, mas integradas. Até aí, há de se buscar os paralelismos, as repetições, os equívocos. Para isso, um dos recursos é alguém explicar Piaget para psicanalistas e ousar falar de inconsciente, reivindicando para a cognição esse termo que lhes é tão caro. Dois aspectos são interessantes para serem comentados sobre a palestra de Piaget. Ela foi feita em uma época em que junto com seus colaboradores, sendo Rolando Garcia o principal deles, Piaget (1971) acabava de realizar novas pesquisas sobre a causalidade. E invocar um inconsciente cognitivo para descrever diferentes níveis de compreensão (ou explicação) de fenômenos físicos, ou seja, de construção de um modelo causal a respeito deles, ao longo do desenvolvimento da criança ou da própria ciência, é – no mínimo –

---

1. Publicado em: Centro de Estudos em Psicopatologia, Psicoterapia e Psicanálise. *Bianuário:* 1986-1987. São Paulo, CEPSI, 1988. pp. 107-116.

pouco usual aos psicanalistas, mais acostumados ao uso do inconsciente para a compreensão de problemas humanos e não da natureza. O segundo aspecto, que gostaria de comentar, é o seguinte: nos dois primeiros livros (principalmente no segundo) sobre psicologia, publicados em 1923 e 1924 – Piaget – influenciado pela psicanálise – fez considerações de naturezas semelhantes às que tratou na palestra de 1970. Ou seja, discutiu a questão da tomada de consciência e do raciocínio da criança traçando paralelos, por exemplo, entre justaposição/sincretismo e deslocamento/condensação, ou então, entre egocentrismo e autismo. De resto, em toda obra de Piaget a presença da Psicanálise, implícita ou explicitamente, pode ser sempre notada. Talvez Piaget tivesse bons motivos para isso: era europeu, tinha sido analisado por Sabina Spilrein (nos primeiros anos da década de 20) e sabia (Piaget, 1920) da importância da Psicanálise para a Psicologia do Desenvolvimento, disciplina escolhida como melhor opção para suas pesquisas experimentais sobre problemas epistemológicos.

A questão da tomada de consciência da causalidade sempre foi importante na obra de Piaget, porque os acontecimentos físicos só podem ser observados empiricamente como fenômenos, ou seja, na sua aparência, nos seus resultados. Vemos uma lâmpada acesa, o giro da faca do liquidificador (nesse caso, só até certo ponto), mas não vemos a transmissão da corrente elétrica que, no final, foi transformada em luz ou movimento. Se é assim, como compreender a natureza além dos efeitos que observamos ou sofremos? Pela construção de um modelo causal, que, na perspectiva de Piaget, implica tomada de consciência da causalidade. Isso nos leva à questão da tomada de consciência (Piaget, 1974) e sua relação com o inconsciente cognitivo.

Piaget (1975/1977) é interacionista, concebe o conhecimento como resultante da ação que se passa entre um sujeito e um objeto. Ou seja, o conhecimento não está no sujeito, nem no objeto, mas resulta da interação (ou relação) entre ambos. Temos dois tipos de ação: a que o sujeito realiza e aquela que é realizada nos objetos ou entre eles (em que a ação do sujeito pode ser parte ou não). Quando abrimos uma porta, uma coisa é nossa ação de abri-la; outra coisa é o conjunto das ações realizadas na interação entre nossa mão, a maçaneta, a chave etc., que produz a abertura da porta. Assim, uma coisa é tomar consciência da ação do sujeito; outra coisa é tomar consciência da ação dos objetos ou entre eles. Dinamicamente, contudo, um aspecto é indissociável do outro. A tomada de consciência é sempre uma ação, e isso é o que importa frisar.

Piaget é construtivista, concebe o conhecimento como resultante de uma construção, isto é, de um processo genético ou histórico por níveis sucessivos e melhores de estruturação. A direção ou tendência é a do conhecimento verdadeiro, que se pretende coerente do ponto de vista lógico, e real do ponto de vista do que descreve ou interpreta. O primeiro aspecto (seu estruturalismo genético) explica sempre porque fez pesquisas em crianças; o segundo, porque seu alvo é o adulto e, mais que isso, o adulto que faz ciência. De fato, o cientista (ou quem lhe seja equivalente) – por mais que suas técnicas e suas teorias estejam em contínua transformação – pode representar o melhor que uma sociedade dispõe em termos de produção de conhecimentos em nível consciente. O cientista por definição, interessa-se (e isso lhe é cobrado o tempo todo) pela explicitação dos procedimentos que utiliza para produzir seus dados, e estes, igualmente, são julgados por sua coerência, verificabilidade e poder explicativo. Ou seja, o cientista deve ter consciência dos objetivos, dos procedimentos (meios) e dos resultados de sua pesquisa. De modo contrário, mas por isso mesmo, é na ciência que melhor constatamos o quanto – apesar de tudo – pouco se conhece de tudo isso. A questão de Piaget é sempre esta: de que modo a criança, tal como o cientista, chega a construir e dominar na consciência as técnicas (raciocínios, procedimentos etc.) que utiliza para pensar e agir e o conhecimento que adquire por intermédio delas? Como sabe da complexidade dessa conquista tanto do ponto de vista estrutural quanto funcional, Piaget (1974) reclama para a consciência o mesmo lugar que Freud obteve para o inconsciente. De resto, consciência e inconsciência não são faces (ou dois polos) de uma mesma realidade (a realidade psíquica)?

Note-se que sempre me refiro ao verbo tomar e não ter consciência. Assumir esta ação – a de tomar (*prendre* em francês) – leva-nos à seguinte questão: "tomar de quem?" Já o sabemos: da ação, cuja estrutura é inconsciente. Ou seja, tomar consciência de nossas ações ou pensamentos implica converter, ao plano consciente, as estruturas e as coordenações que utilizamos para produzir essas ações e pensamentos. Ora, tal como na natureza, o fenômeno da ação ou do pensamento é consciente, isto é, observável ou empiricamente acessível. Só não é observável o que o possibilita, ou seja, as coordenações motoras ou mentais que estruturam, espacial, temporal ou representacionalmente um movimento ou um pensamento. Esse é o inconsciente cognitivo de que fala Piaget. A estrutura das ações (suas coordenações) e a estrutura do pensamento (suas operações) são inconscientes para aquele que as realiza e que pode observá-las ou usufruí-las apenas por seus efeitos ou manifestações. Tomar consciência é compreender neste plano – o do consciente – o que se estrutura e se realiza em outro plano – o do inconsciente.

Compreender na consciência o que se estrutura e funciona inconscientemente é uma tarefa complexa. Piaget tem muitas contribuições nesse sentido, mas aqui vou retomar apenas algumas delas: seu modelo de tomada de consciência, o fazer e o compreender como dois sistemas cognitivos (Piaget, 1975/1977), o inconsciente e o recalcamento cognitivo.

Um dos modelos de tomada de consciência de Piaget (1974, p. 264) é o seguinte:

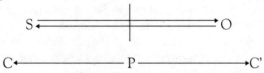

As letras utilizadas significam sujeito (S), objeto (O), região central relativa ao sujeito (C') e região periférica (P) ao sujeito ou ao objeto.

Trata-se de um modelo no qual Piaget aperfeiçoa uma proposta, baseada em Claparède, já formulada em seu livro *O raciocínio na criança*, publicado em 1923. O processo de tomada de consciência realiza-se segundo a Lei Periferia-Centro. O ponto inicial é o P, periférico tanto com relação ao sujeito quanto ao objeto. Nele, a ação do sujeito e a ação entre objetos reduzem-se ao seu aspecto fenomenal, de puro acontecimento, em que só o objeto e o resultado das ações são constatados ou valorizados. Isso significa que uma parte da ação, a que é relativa a esses dois aspectos ou a um deles, é, desde o início, consciente.

Nesse ponto P, também, as partes do sujeito e as do objeto estão indiferenciadas. Voltando ao exemplo do "abrir a porta": perifericamente essa ação se reduz a um objetivo e a um resultado (queria abrir a porta, e o consegui ou não), estando sujeito e objeto indiferenciados.

No modelo dado, os percursos P C e P C' caracterizam o processo de tomada de consciência da ação do sujeito (P C) e das ações entre os objetos (P C'). Agora, o movimento exige uma diferenciação e uma integração (solidariedade) entre as partes. Diferenciação, porque considerar a ação do sujeito quanto à sua estrutura e função, isto é, seus meios, é outra coisa que considerar ação entre os objetos em suas estruturas e funções. Voltemos ao exemplo da construção de um conhecimento científico. Uma coisa é a análise e a fundamentação das técnicas utilizadas para produzir uma vacina; outra coisa é a análise e a fundamentação desta. O mesmo vale para o trabalho do pensamento: uma coisa são os raciocínios que se utilizam para pensar; outra coisa são os conteúdos que, por intermédio deles, são produzidos. O percurso periferia-centro consiste, então, neste diálogo sujeito/objeto (ou entre teoria e técnica, o espírito e a matéria, se quiser) graças ao qual os meios que produzem e descrevem a ação são pouco a pouco explicitados.

Tomar consciência da ação significa, na teoria de Piaget, transformar o fazer em um compreender. A ação é, com efeito, um fazer (*réussir*): realiza-se entre objetos coordenados entre si no espaço e no tempo; daí seu caráter objetivo, causal presente, sucessivo e comprometido com um resultado ou êxito. A consciência da ação é um compreender (*comprendre*) ou conceber; realiza-se entre representações, coordenadas entre si no pensamento; daí seu caráter imaterial, a-espacial, atemporal, simultâneo e comprometido com o que a ação é (sua verdade), e não com sua realização. Fazer e compreender são dois sistemas cognitivos. O fazer depende da construção de procedimentos, de um "como fazer". O compreender depende da construção de uma "teoria" sobre esses procedimentos, de um "por que fazer". Por isso, para Piaget, tomar consciência não é "falar" da coisa, mas compreendê-la, isto é, coordenar, no plano do pensamento, sua estrutura, sua lei de composição. Eis o que Piaget (1974) nos diz a esse respeito:

> fazer é compreender em ação uma dada situação em grau suficiente para atingir os fins propostos, e compreender é conseguir dominar, em pensamento, em relação ao por quê e ao como das ligações constatadas e, por outro lado, utilizadas em ação (p. 176).

Por que fazer é compreender, na ação? Porque a ação só se realiza de modo estruturado, em que partes relacionam-se entre si formando um todo. Tomemos o exemplo de engatinhar. Os braços e pernas possuem movimentos independentes. No engatinhar, contudo, devem ser articulados tal que primeiro movimentam-se, por exemplo, a mão direita, depois o joelho esquerdo, depois a mão esquerda, depois o joelho direito, e assim por diante. Compreender na ação é construir essa relação ordenada entre os membros do corpo, no espaço e no tempo. É uma construção na qual a criança investe ativamente todo o seu primeiro ano de vida. É uma construção ativa, produto de regulações (ensaios, erros, correções, fixações dos aspectos positivos). Uma vez suficientemente montado, o esquema do engatinhar começa a se automatizar, até pelo fato de a criança dirigir nesse momento sua atenção aos objetos, que busca alcançar por meio do engatinhar. Esse princípio ativo, graças ao qual o esquema pode ser construído, isto é, sua lei de composição (movimentar-se alternando braços e pernas) fica recalcado e conhecido apenas por suas manifestações.

Por que compreender é fazer no pensamento? Porque compreender significa reconstruir no pensamento aquilo que caracteriza a ação no que ela tem de mais básico – sua lei de composição (sua estrutura). É uma tarefa complexa; no caso do engatinhar, a criança leva dez anos ou mais para conseguir realizá-la. Para verificar isso, Piaget pediu que crianças, entre 4 e 12 anos, engatinhassem por uns cinco ou dez metros e que, depois, explicassem como fizeram isso. Pediu igualmente que fizessem engatinhar um urso de brinquedo e que instruíssem o experimentador para fazê-lo também. Se tudo isso não bastasse, deveriam engatinhar bem depressa e verificar, ao sinal de "pare", como estavam seus braços e pernas. O primeiro nível de descrição caracteriza-se por um modelo em "Z", em que a criança imagina que engatinhou feito sapo ou coelho, ou seja, movimentando as mãos e depois as pernas. O segundo nível caracteriza-se por um modelo "N", em que a criança supõe que movimentou braço e perna direita, depois braço e perna esquerda. O terceiro nível caracteriza-se pela descrição em "X", em que, corretamente, a criança descreve o engatinhar como um movimento alternado de braços e pernas. Mas só crianças com mais de 9 ou 10 anos, são, em média, capazes disso.

A defasagem de tantos anos entre o engatinhar como um fazer e o engatinhar como um compreender não é casual. Ilustra o caráter não imediato da tomada de consciência da ação, isto é, mostra que ela se realiza em graus. Ilustra, também, o papel do recalcamento cognitivo nesse processo. Se todas as crianças engatinham em "X", por que a descrição é também em "Z" ou "N"? Por que, para os sujeitos dos dois primeiros níveis, as variações experimentais não são suficientes para demonstrar a contradição entre suas ações e descrições? Em 1924, Piaget chamava isso de "lei de defasagem". Em 1970, utilizou-se do termo psicanalítico – recalcamento – para explicar essa justaposição entre o fazer e o compreender, tal que as contradições na ligação entre um plano e outro (engatinhar em X e descrevê-lo em Z ou N, no nosso exemplo) permanecem ignoradas (portanto, sem efeito) pelo sujeito que as expressa. O recalcamento cognitivo é, então, o mecanismo pelo qual essas incoerências entre o que o sujeito pensa e faz, por exemplo, não constituem, no plano consciente, ainda um problema para ele. Mas, cedo ou tarde, por pressões sociais (é o outro quem nos obriga a justificar e demonstrar; quem mostra incessantemente nossas contradições), por pressões de nosso próprio desenvolvimento, pela insuficiência de uma relação apenas alimentada por objetivos e resultados somos levados a pensar nestes comos e porquês das ações. Isso, obviamente, quando a doença, a miséria e a repressão não nos barrarem nesse percurso.

Referências bibliográficas

PIAGET, Jean. *La psychanalyse et ses rapports avec la psychologie de l'enfant.* Bulletin de la Societé Alfred Binet, 131, 18-34, 1920.

_____. (1923) *A linguagem e o pensamento da criança.* Rio de Janeiro, Fundo de Cultura, 1959.

_____. *La prise de conscience.* Paris, Presses Universitaires de France, 1974.

_____. (1972) Inconsciente afetivo e inconsciente cognitivo. In: ____. *Problemas de epistemologia genética.* Lisboa, Dom Quixote, 1983.

_____. (1975) *O desenvolvimento do pensamento: equilibração das estruturas cognitivas*. Lisboa, Dom Quixote, 1977.

_____. *Réussir et comprendre*. Paris, Presses Universitaires de France, 1974.

_____. (1923) *Le jugement et le raisonment chez l'enfant*. Neuchâtel, Delachaux & Niestlé, 1963.

PIAGET, Jean & ROLANDO, Garcia. *Les explications causales*. Paris, Presses Universitaires de France, 1971.

Impresso por :

gráfica e editora

Tel.:11 2769-9056